莊存與年譜

湯志鈞　著

臺灣　學生書局　印行

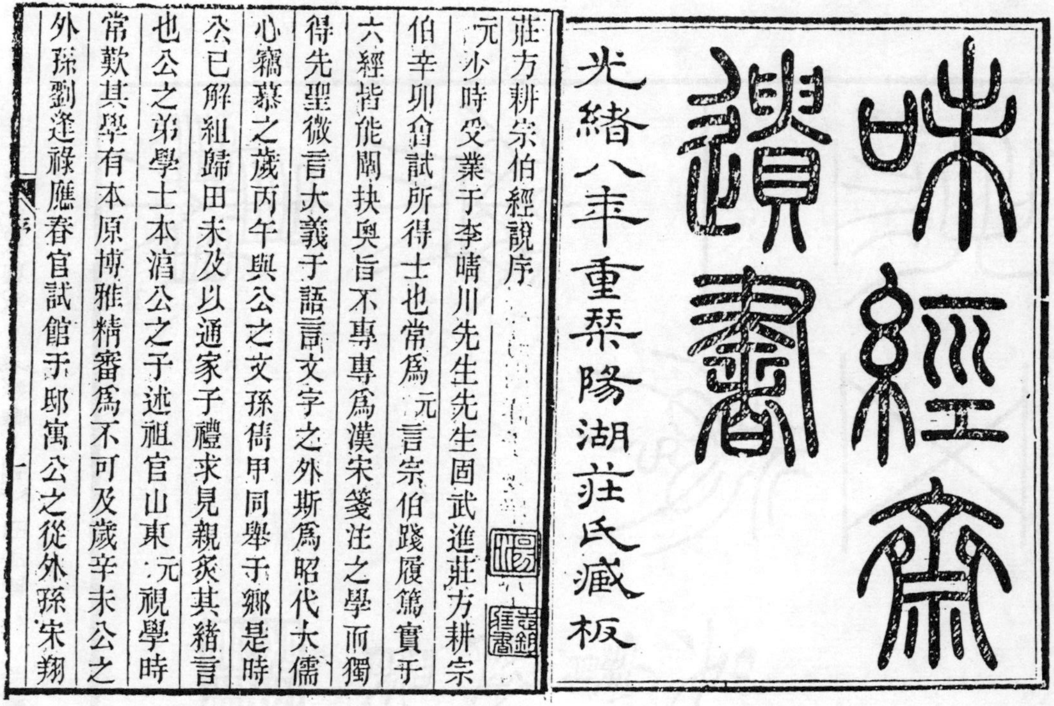

味經齋遺書

光緒八年重槧
陽湖莊氏藏板

莊方耕宗伯經說序

元少時受業于李晴川先生先生固武進莊方耕宗伯辛卯會試所得士也常爲元言宗伯踐履篤實于六經皆能闡抉奧旨不專專爲漢宋箋注之學而獨得先聖微言大義于語言文字之外斯爲昭代大儒心竊慕之歲丙午與公之文孫傳甲同舉于鄉是時公已解組歸田未及以通家子禮求見親炙其緒言也公之弟學士本渟公之子述祖官山東元視學時常歎其學有本原博雅精審爲不可及歲辛未公之外孫劉逢祿應春官試館于邸寓公之從外孫宋翔

圖版一：莊存與《味經齋遺書》，光緒八年常州莊氏重刊本

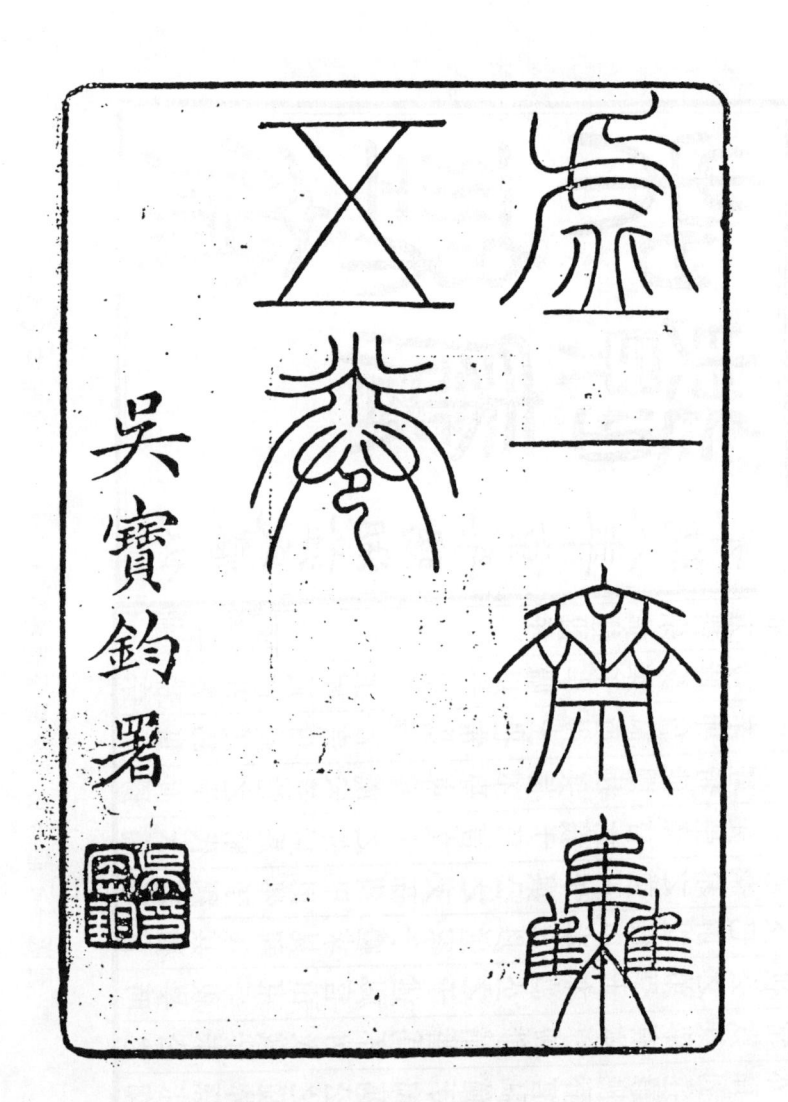

圖版二：莊培因《虛一齋集》，光緒九年秋刊本

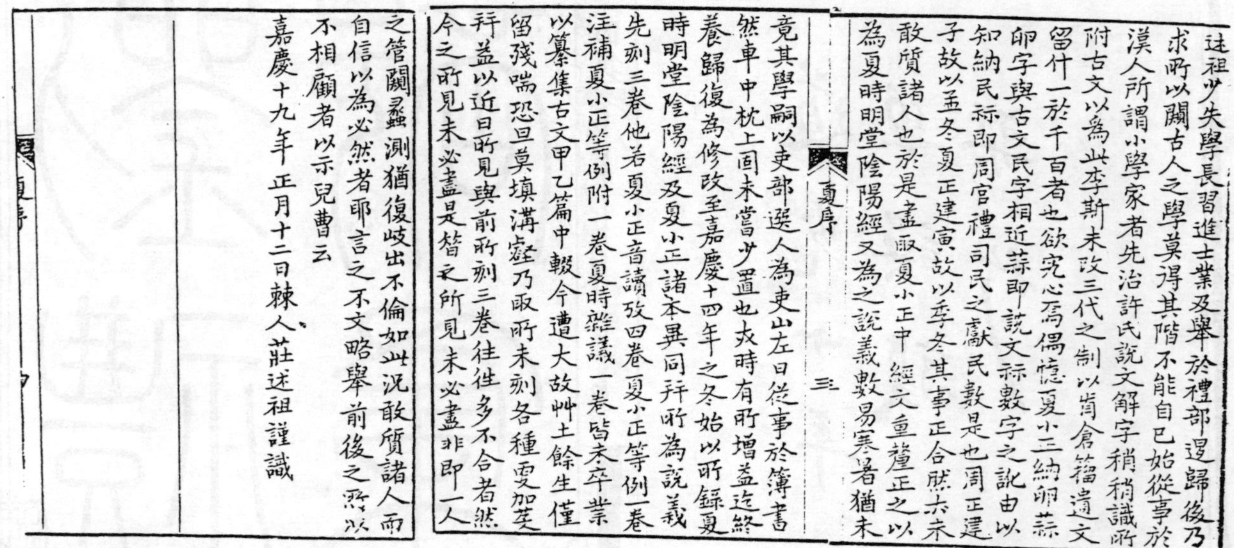
述祖少失學長習進士業及舉於禮部還歸後乃
求所以闚古人之學莫得其階不能自已始從事於
漢人所謂小學家者先治許氏說文解字稍稍識所
附古文以為此李斯未改三代之制以肖倉籀遺文
留什一於千百者也欲究心焉偶憶夏小正納卵蒜
卵字與古文民字相近蒜即說文示部數字之訛由以
知納民示即周官禮司民之獻民數是也周正建
子故以孟冬夏正建寅故以季冬其事正合然未
敢質諸人也於是盡取夏小正中經文重釐正之以
為夏時明堂陰陽經又為之說義數易寒暑猶未

夏序　三

竟其學嗣以吏部選人為吏山左日從事於簿書
然車中枕上固未嘗少置也夜時有所增益迄終
卷歸復為修改至嘉慶十四年之冬始以所錄夏
時明堂陰陽經及夏小正諸本異同并所為說義
先刻三卷他若夏小正音讀攷四卷夏小正等例一卷
注補夏小正等例附一卷夏時雜議一卷皆未卒業
以纂集古文甲乙篇中輟今遭大故艸土餘生僅
留殘喘恐旦莫填溝壑乃取所未刻各種要加芟
并益以近日所見與前所刻三卷往往多不合者然
今之所見未必盡是昔之所見未必盡非即一人
之管闚蠡測猶復岐出不倫如此況敢質諸人而
自信以為必然者耶言之不文略舉前後之烝以
不相顧者以示兒曹云
嘉慶十九年正月十二日棘人莊述祖謹識

夏序

圖版三：莊述祖《夏小正考序》，光緒刊本

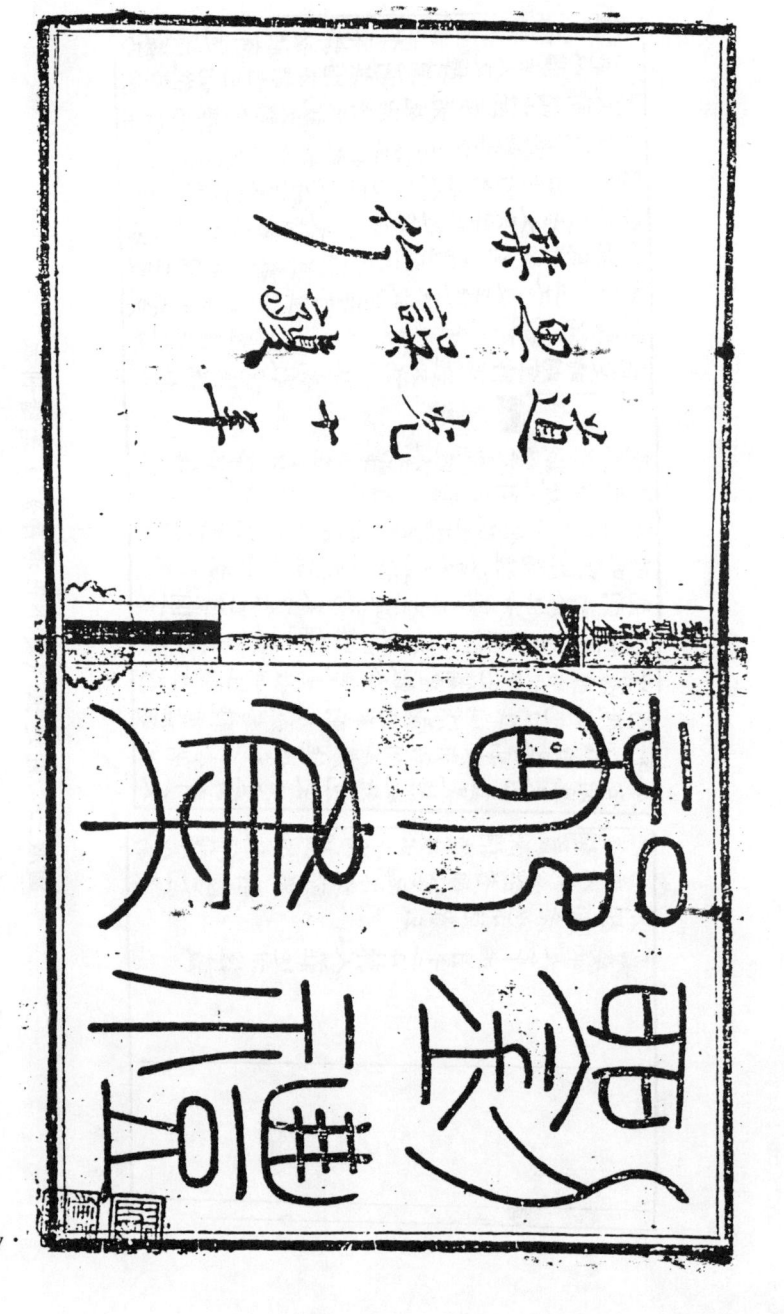

圖版四：劉逢祿《劉禮部集》，道光十年思誤齋刊本

圖版五：《國史大臣列傳·莊存與傳》

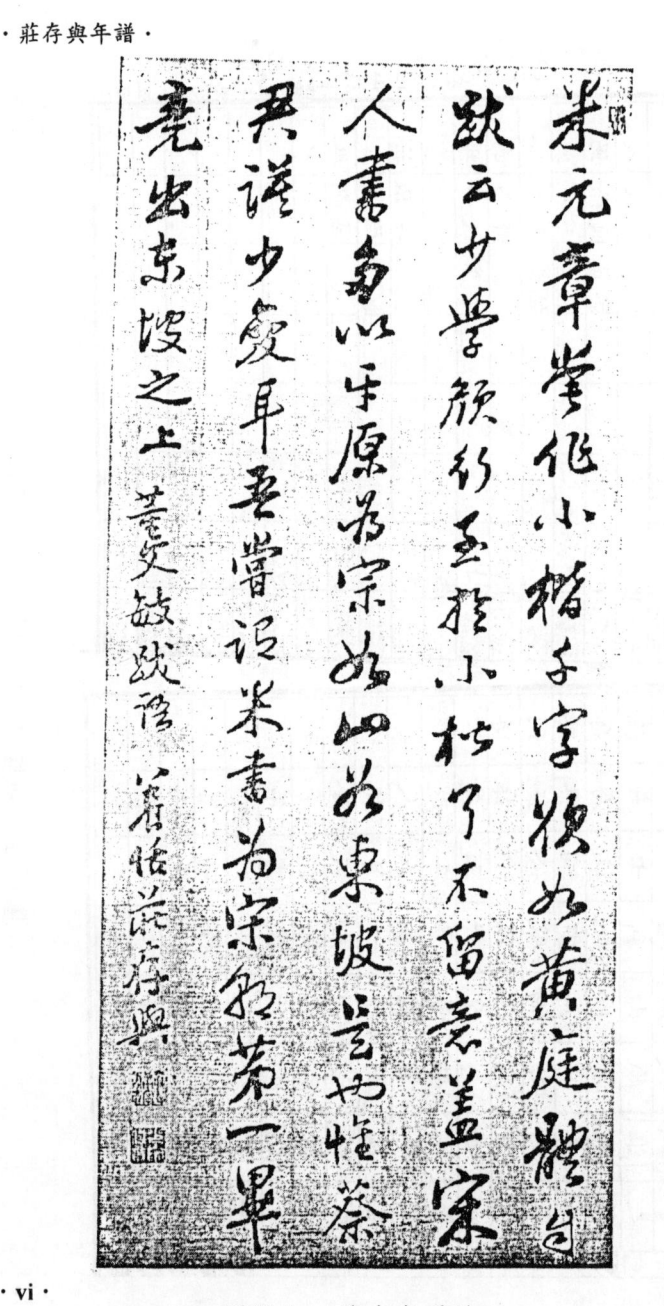

圖版六：莊存與手跡

序

清乾、嘉間，宋學高踞堂廟，漢學❶「如日中天」，今文經學「翻騰一度」，褻然成家，創始者，常州莊存與也。

先生「從幼入塾，即以古人自期」，「研經求實用」，篤志深邃，窮源入微，獨有會心。久宦京師，乾隆以爲「學有根柢」，「可備顧問」。維時和珅「駸駸向用」，怙寵貪恣，欺君枉法，吏治日壞，賄賂公行。納官捐輸者佩紫懷黃，積學之士則舉世無識。土地兼併，災戾遍野，農民起事，危亟可憂。先生閱趙汸《春秋屬辭》而善之，櫽括其條，正列其義，撰《春秋正辭》曰：「《春秋》非記事之史，不書，多於書，以所書知所不書」。「《春秋》治亂必表其微，所謂禮禁於未然之前也，凡所書者有所表也，是故《春秋》無空言」❷。

先生以《春秋》爲經世之書，「法可窮而《春秋》之道則不可窮」❸。「舉往以明來，傳之萬世而不亂」❹。其大義存乎《公羊》，通三統、張三世諸例，辨名分、定尊卑、明外內、舉輕重，

---

❶　「漢學」，指東漢古文經學。

❷　莊存與：《春秋正辭·春秋要指》。

❸　同上《春秋正辭》卷一《誅亂辭》第八。

❹　同注❷。

撥亂反正，舍《公羊》奚求！昔者，董膠西嘗對天人，儒家爲之獨尊，先生重「大一統」，推衍《春秋》，欲使「六合同風，九流共貫」，「全至尊而立人紀」❺。

先生不拘漢、宋，欲祛門戶，復興今文，崇奉《公羊》，亦緣時勢所趨。乾隆二十三年十二月癸亥朔諭：「我朝聖聖相承，乾綱獨斷，政柄從無旁落，如康熙年間之明珠、索額圖、徐乾學、高士奇，雍正年間之李衛、田文鏡等，其人皆非敢佹法干紀如往代之比，不過私心未化，彼此各持門戶之見。即朕初年，鄂爾泰、張廷玉二人，亦未免故智未忘，今則併此無之矣」。「猶記乾隆初年，詔廷臣集思廣義，至再至三，然諸臣章奏，亦不過撫拾浮言，自行其私而已。且彼時事之大者，莫過鄂爾泰、張廷玉門戶之習，初未聞一言及之」❻。

乾隆四十六年又諭：「古來以講學爲名，致開朋黨之漸」。有門戶即易起「朋黨」，有「朋黨」即易使「大權旁落」，背離「大一統」。是以即諭令不應專主門戶，推行文字獄，採用高壓；又「御纂」、「欽定」各書，兼用漢學，以示懷柔。乾隆二十三年御纂《春秋集解》，「御制序」曰：「中古之書，莫大于《春秋》，推其教，不越乎屬辭比事。原夫成書之始，即游、夏不能贊一辭，蓋辭不能贊也」。又曰：「熔範群言，去取精審，麟經之微言大義，炳若日星，朕服習有年」❼。言「微言大義」，舉「屬辭比

---

❺　同上《春秋正辭》卷二《正天子辭》。

❻　《清高宗純皇帝實錄》卷五七六第五、七、八葉。

❼　《清高宗純皇帝實錄》卷五六八第二二葉。

事」。

　　乾隆四十七年「仲春經筵」，德保、曹秀先講《論語》「知者
樂，仁者壽」，乾隆以爲「仁者，知之體；知者，仁之用」，朱熹
「不兼仁知而言，不得孔子眞義」❽。疑及朱熹。同年十一月，命
皇子、軍機大臣訂正《通鑑綱目續編》，以爲《續編》「於遼、
金、元事多有偏謬」，謂孔子作《春秋》，即無「肆口漫罵」。
「《通鑑輯覽》書法體例有關大一統者，均經朕親加訂正，頒行天
下」，「使天下後世曉然於《春秋》之義」。命皇子等於《續編》
「量爲刪潤，以符孔子《春秋》體例」❾。

　　乾隆五十八年，詔刻十三經於太學。次年，石經館司事大臣據
內府所藏宋版、明監本、武英殿官刻諸書「參稽考證」，逐條摘
出，請頒示天下，並於乙卯科會試爲始，所有考試四書、五經題
文，「俱照頒發各條」改正。諭謂所改「不過字句書體，間有異
同，於聖賢經義初無出入」。「聖賢垂教之義，原不在章句之
末」，不予批准❿。又頒《御製石經蔣衡書十三經於辟雍序》：
「經者，常也，常故不變，道則恆存。天不變，道亦不變，仲舒之
言，實已涉其藩矣」。以爲「以注解解經，不若以經解經之爲
愈」⓫。表彰董氏「涉經之藩」。於餖飣章句，以「注解解經」亦
示不滿。「字句書體」之「異同」，固漢學所擅爲；「注解解

---

❽　《清高宗純皇帝實錄》卷一一五〇第四～五葉。
❾　《清高宗純皇帝實錄》卷一一六八第一四～一五葉。
❿　《清高宗純皇帝實錄》卷一四六三第二～三葉。
⓫　《清高宗純皇帝實錄》卷一四六三第四一五葉。

經」，又宋學之「陋習」。然則先生之不拘漢、宋，崇奉《春秋》，有由來矣。

乾隆固力圖維護「大一統」者，然其晚年，中央權落，「臣工順意」，與「大一統」實不相容。先生「故於《詩》、《易》君子、小人進退消長之際，往往發憤慷慨，流連太息，讀其書可以悲其志云」❷。隱憂國是，仰承「大一統」之旨，其書又不刊板行世。危機四伏，盛世不再。先生感慨太息：「儒臣遭世極盛，文名滿天下，終不能有所補益時務，以負乾隆之期。自語曰：『辨古籍眞僞，其術淺且近者也』」❸。深患漢學之恣肆、宋學之空言，還我西漢今文，固我大清一統，是其復興今文，固時會使然，亦久宦京師，仰承「聖訓」使然歟？

嘉、道以降，外務叢脞，內政不飭，龔自珍主「更法」，魏源倡「變易」。未幾，「清政不道，橫挑強鄰」，康有爲上書維新，援用《公羊》，源自今文，則先生之發端啓示，亦功不可沒也。

余與先生同里第，母氏莊，先生之族裔，訓以經說，略知端緒。稍長，遊學滬濱，勤讀經史，注目學案。弱冠之年，養疴返里，時《毘陵莊氏族譜》重修梓行，得以縱閱，草成先生年譜，忽忽五十年矣。旋以衣食奔走，由經入史，此譜亦久置書篋。今髮已

---

❷ 魏源：〈武進莊少宗伯遺書序〉，見《魏源集》第二三八頁，中華書局一九七六年版。

❸ 龔自珍：〈資政大夫禮部侍郎武進莊公神道碑銘〉，見《龔自珍全集》第一四一頁，中華書局一九五九年版。

蒼蒼，視亦茫茫，理未竟之作，尋舊譜之緒，勉予完稿，釐爲四卷，俟有志清代學術思想史者採納焉。

一九九五年十月八日，**湯志鈞**序於滬寓

凡 例

一、本書共分四卷：卷一〈年譜〉，綜述先生行誼、仕履生平；卷二〈味經〉，專述先生經學，《春秋正辭》爲先生精力所粹，論列尤詳。先生遺著曰「味經齋」，故名；卷三〈流風〉，先生揭櫫今文，莊述祖、劉逢祿、宋翔鳳、龔自珍、魏源、邵懿辰、戴望繼其遺風，至康有爲而援以改制，變法維新，流風所及，後先揮揚；卷四〈碑傳〉，擇其要者而錄之。

二、武進、陽湖，同隸常州城區。雍正四年，武進分東部別置陽湖縣，於是沿舊名則曰武進，遷居或隸陽湖，原難嚴格劃清。查舊志，乾隆三年，武進、陽湖各有縣志；道光間則曰《武進陽湖合志》，光緒五年重修，復名《武進陽湖縣志》，亦緣里第實難逕分也。以莊氏而言，嘉慶間，龔自珍：〈資政大夫禮部侍郎武進莊公神道碑銘〉，署「武進」；而先生《味經齋遺書》光緒八年重刊，則曰「陽湖莊氏藏版」。蓋武進、陽湖縣治，均處常州城區，稱之曰「常州學派」，亦由是名之。

三、先生撰著，每乏序跋，生前又不「刊板行世」，致撰期難定，繫年無從，故別列〈味經〉一卷。讀者可參稽卷一，以明其學術之淵源，治經之「求實用」，而與「當時講論或枘鑿不相入」也。

四、吳昌綬：《定盦先生年譜》暨《康有爲自編年譜》，字數過

　　多，已擇其與今文經學有關者錄入卷三，故卷四不再另贅。

五、本書于一九四三年返里養疴時初撰，置于書篋垂五十年；一九
　　九五年，重加增益；今又再作修訂，已三稿矣。

　　　　　　　　　　　　　　　　　　　　　一九九九年一月

莊存與年譜

目　錄

卷一 年譜

莊存與，字方耕，晚號養恬。先世由鳳陽南渡鎮江，宋季徙居金壇。明初，秀九公始遷常州，爲毘陵始祖。

〈莊氏世系表小序〉：「遡自濠梁之間，漆園吏爲始祖，當得近之。後由鳳陽南渡鎮江，今尚多族屬焉。宋哲宗元祐七年，邦云從鎮江徙居金壇。……及宋寧宗嘉泰辛酉，義四公諱必強，字若翁，號遺亭者爲翰林學士。傳至秀九公，贅居毘陵，莊氏因家焉，爲毘陵始祖。」（《毘陵莊氏族譜》卷三〈世系錄〉）

六世祖以涖，字仲敬，號簡齋。

《毘陵莊氏族譜·世系表》：以涖，「庠生，贈中大夫湖廣右參政。」（同上）

高祖廷臣，字龍祥，號凝宇，累贈通議大夫。分守郪陽時，議建魏瑠生祠，廷臣獨爭之力。

莊鼎鉉：〈先考通議大夫全楚大方伯年譜〉：「府君生有異質，聲如洪鐘，廣額，眉間可容四指，鬣垂幾至腹，不輕喜笑，坐不偏立。……晚年精神益健，能啖青梅數十，於燈下

紅箋作細楷，終生無齒疾，無足趼，光明眞直，眞天人也。」

《常州府志·儒林傳》：「莊廷臣，字龍祥，武進人。萬曆進士。令永嘉，有惠政，稱天人，孝廉第一。歷江西、湖廣、浙江、廣東四省觀察。其分守郢陽時，議建魏璫生祠，廷臣獨尊之力。升湖廣左藩。……著《四書詩經導窾》。」

王熙：〈方伯凝宇莊公傳〉：「明丙寅、丁卯之際，魏璫燄張甚，媚璫者爭爲建祠。……是時，同城同事力阻其議者，荊南道參政莊公也。公諱廷臣，字龍祥，號凝宇。……公自幼食貧，屢困童子試。年三十，始補博士弟子員，自是每試輒第一，聲民籍甚。……萬曆癸卯，應鄉試第九人。又六年庚戌，以第四人成進士，時年五十二，選得永嘉縣。……宰永嘉七年，多異政。」

> 按：《毘陵莊氏族譜》載：「廷臣歷任禮部精膳司主事員外郎、祠祭司郎中、江西湖東道副使、湖廣下荊南道參政、廣東按察使分守廣東道、浙江右布政使分守金衢道、湖廣右布政使分巡郢襄道、湖廣布政使、授通政大夫」。有遺詩〈家居作〉一首，見《御選四朝詩》。

曾祖鼎鉉，字耳金，邑庠生。

> 按：鼎鉉，貤贈中憲大夫、浙江溫州府知府，誥贈光祿大夫禮部左侍郎。

祖絳，字丹吉，邑增生，累贈光祿大夫禮部左侍郎。

《武進縣志·文學傳》：「莊綷，字丹吉，幼穎異，讀書五行俱下，試七藝，以高才生補博士弟子員。……遊京師，稱譽籍甚，以文章器重，見重於王文端公熙。……平生肆力於古，參訂經史，凡天文、疆索、九流百家之書，靡勿穿貫，尤明於明家掌故。文章不起草，散佚頗多，存若干卷。」

按：《毘陵莊氏族譜》：「莊綷，邑增生，入太學，考授州同知，勅贈儒林郎翰林院編修，誥贈中憲大夫，浙江溫州府知府，累贈光祿大夫禮部左侍郎」。

父柱，字書石，號南村，雍正丁未進士，改翰林院庶吉士，選知大興縣，擢知溫州府。

《武進縣志·官績傳》：「莊柱，字書石，雍正丁未進士，改翰林院庶吉士，特旨選知大興縣，京邑七年，潔廉愛民。……擢知溫州府，平反冤獄。……遷海防兵備道，築尖塔二山海口，閱四年功竣，而民不勞。練於政事，口不言能，敏于文辭、書翰，不求人之名之也。年五十二，即引疾歸。平生力學篤行，……無疾言屬色。」

莊勇成：〈南村公傳〉：「族父南村公，行六，族祖丹吉公季子也。諱柱，字書石，號南村。丹吉公有五子，長諱楷，官翰林，歷任國子監司業。……次諱榤，康熙庚子舉人，官湖北黃梅縣知縣。次諱敦厚，雍正甲辰進士，官直隸西寧縣知縣；次諱大椿，己酉副榜，官四川射洪縣知縣。其季即南村公。……南村公天資穎悟，勤學不倦，自幼及長，手錄者

成帙，不乙一字，尤好朱子、小學，一言一動，皆遵之。年十九，補博士弟子，旋食餼。康熙庚子，中式第十一名，常郡官生作房首自公始。……雍正丁未，成進士，殿試對策，元元本本，思若湧泉。……時讀卷官擬置第一，欽定二甲第二，授翰林院庶吉士，偕同館試乾清宮，恩贈貂皮、筆墨，獎譽甚優。一日，上以遴選京縣，難其人，特旨於新科庶吉士中揀用，而公適膺其選。當是時，大興一缺，積數任以虧帑罷官職，事浸不舉，人共視爲畏途。公自以儒生未諳吏治，驟任繁虧，隕越是懼。蒞任後，事無巨細，悉以樸誠謹厚行之，庶務修舉，諸王公咸稱之曰能。……制府李敏達公以公列薦，特恩陞授浙江溫州知府。請訓召見，蒙贈松花石硯、御制〈朋黨論〉刻本，歊礪有加。」（《毘陵莊氏族譜》卷二十〈傳記·家傳〉）

母氏錢，檢討榮世女，「通書史，識量過人」。

莊勇成：〈南村公傳〉：「配錢恭人，封夫人，檢討榮世女，有才德，通書史，識量過人。南村公仕宦南北，夫人隨在署助理家政，豐儉得中。善繼董太君之遺矩，嘗曰：『作官臨民者，必使心無二用。若增內顧憂，是摯眷適爲官累耳。吾惟守儉勤之家訓，所以佐清白之官箴也。』夫人自于歸至白首，與南村公鴻案相莊，顯晦若一，垂老不衰。戚屬有貧困者來謁，公必款接之，雖顯客至，不令他避，亦不令稍見慚沮。太夫人料量食飲，亦必盡誠。生子二，長養恬，次仲淳，皆列鼎科。歲在丙子，養恬爲浙江正主考，仲淳爲

福建正主考，道出里門，皆乞假十日，於試竣省親。而養恬
次子通敏，即於是科江南鄉試中式，親黨登堂稱慶，錢文端
公有贈聯云：『殿上卿雲傳兩見，膝前天使喜同歸。』異數
殊恩，一時罕逮。公與夫人每逢兩子晉階，受寵若驚，兢兢
訓勉，兩子亦恪遵廷訓，日以圖報國恩不忘祖德是務，數十
年有如一日。⋯⋯年七十以壽終。」（同上）

紹承家學，克繼箕裘，先生之學，有由來矣。

康熙五十八年己亥（公元一七一九年）　一歲

十一月初三日，先生生於常州郡城。

莊勇成：〈少宗伯養恬兄傳〉：「兄諱存與，字方耕，晚號
養恬，南村公長子也。南村公二子，長即兄，次爲仲淳，並
列鼎科，一時有軾轍郟祁之目。」（《毘陵莊氏族譜》卷二十〈傳
記·家傳〉，下同）

莊氏自秀九公遷常，至先生爲第十二世，其世系爲：

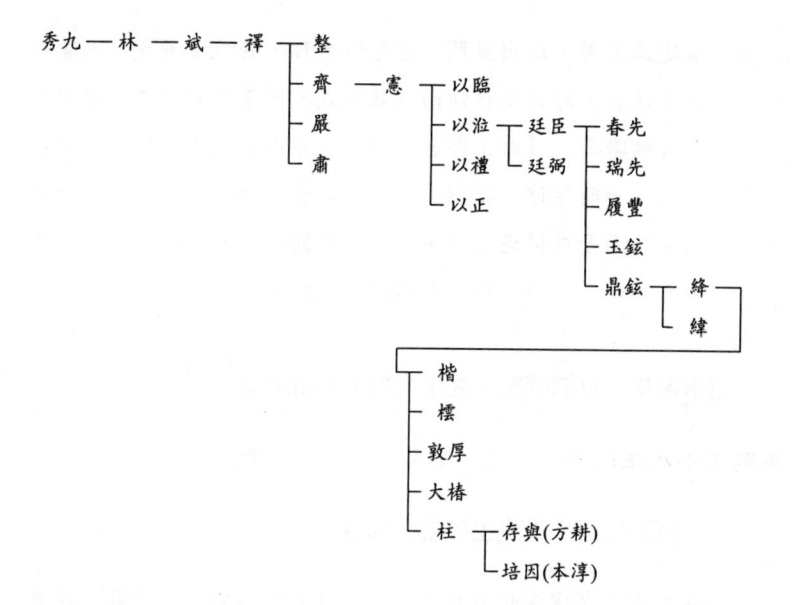

康熙五十九年庚子（一七二〇年） 二歲

莊柱，中式庚子鄉魁。

> 莊勇成：〈南村公傳〉：「康熙庚子，中式第十一名，常郡官生卷作房首，自公始。是科吾宗南北獲雋者四人，公與黃梅公及啓尊兄以同懷兄弟叔姪居其三，先君子閑汀公亦與焉。一時稱盛。」（《毘陵莊氏族譜》卷二十〈傳記·家傳〉）

康熙六十年辛丑（一七二一年） 三歲

是年，江聲生。

康熙六十一年壬寅（一七二二年）　四歲

是年，王鳴盛生。

雍正元年癸卯（一七二三年）　五歲

就塾讀書。

臧庸：〈禮部侍郎莊公小傳〉：「五歲，就塾讀書，目數行下。」（閔爾昌：《碑傳集補》卷三）

弟培因生。培因，字本淳，後字仲淳。

《毘陵莊氏族譜》卷三〈世系錄〉：「培因，行二，字本淳，柱次子。生于雍正癸卯九月十九日，辛于乾隆己卯七月十二日。乾隆辛酉舉人，內閣中書軍機處行走。甲戌，會魁一甲一名，狀元及第，授翰林院修撰。歷任右春坊中允、翰林院侍讀學士，充日講起居注官。丙子，福建正主考。丁丑，會試同考官，福建學政，誥授中憲大夫。配長洲彭氏，兵部尚書諱啓豐女，封恭人。壽九十有一。子一，述祖。女四，長適錢中銑，內閣中書；次字劉；三適元和宋簡，乾隆庚戌進士，山東高密縣知縣；四適吳江計綬。」（《毘陵莊氏族譜》卷三〈世系錄〉。按：元和宋翔鳳，即培因之外孫，述祖之甥也。）

莊勇成：〈學士仲淳弟傳〉：「仲淳，諱培因，字本淳，後字仲淳，南村公次子也。南村公兩子：長爲養恬，乙丑一甲第二，官少宗伯；次爲仲淳，甲戌一甲第一，官翰林院侍讀

學士，提督福建學政，以奔父喪歸里，撫棺哀號，一慟而絕，卒年才三十有七。」（《毘陵莊氏族譜》卷二十〈傳記·家傳〉）

雍正三年乙巳（一七二五年） 七歲

從同宗閑汀學。先生撰《閑汀公傳》曰：「存與與弟培因，受業有年，因能舉其所身受者縷述之也。」

是年，程瑤田生。

雍正四年丙午（一七二六年） 八歲

入塾攻讀。幼即以古人自期。

《武進縣志·儒林傳》：「幼入塾，即以古人自期。篤志深邃，窮源入微。」

莊勇成：〈少宗伯養恬兄傳〉：「兄長身玉立，不苟言笑。從幼入塾，即以古人自期，制藝得力於閑汀公。」

雍正五年丁未（一七二七年） 九歲

父柱，成進士，授翰林院庶吉士，特簡順天大興縣知縣。

莊勇成：〈南村公傳〉：「雍正丁未，成進士。殿試對策，元元本本，思若湧泉，日方晡，納卷上，車抵外誠，蓼原公訝其速，曰：『得毋草草耶？』公曰：『心無妄想，且作書素捷，故納卷稍先耳。』時讀卷官擬置第一，欽定二甲第

二，授翰林院庶吉士。」（《毘陵莊氏族譜》卷三十〈傳記·家傳〉）

是年，同邑趙翼生。

雍正八年庚戌（一七三〇年）　十二歲

是年，錢大昕生。

雍正九年辛亥（一七三一年）　十三歲

是年，姚鼐生。

雍正十年壬子（一七三二年）　十四歲

隨父任大興，會地震，得無傷。

> 莊勇成：〈少宗伯養恬兄傳〉：「年十四，隨父任大興，會地震，公仆書室中，適一僕自外至，仆兄背上，而室亦傾。僕故有力，翼蔽之，得無傷。」

> 湯芷卿：《翼駉稗編》：「雍正中，京師地震，房屋倒塌，壓斃極多。吾鄉莊方耕宗伯隨任大興縣署，書屋三間已傾，尋宗伯不獲。震定，發掘瓦礫，兩墻對合如龕，宗伯坐其中熟眠，猶未醒也。宗伯夫人吳亦隨尊人京邸，方震時，聞梁大格礫聲，急避桌下，屋隨傾壓，賴桌楮柱，得不死。一時同鄉官京師者，謂兩人他日必貴，遂兩家締姻焉。」

雍正十二年甲寅（一七三四年） 十六歲

娶吳夫人。父柱任溫州知府，先生隨母赴甌，行次夜泊險灘，從人不戒於火，失足墮水，得從舟救。

莊勇成：〈少宗伯養恬兄傳〉：「年十六，娶吳夫人。隨母錢太夫人赴溫，行次處郡夜泊險灘，錢太夫人偕仲淳別居一舟。從人不戒於火，舟焚，幾不測。兄倉皇欲過舟救之，失足墮急湍中，得從舟救不死。識者知兄兩遭險難，卒無恙，必爲一代偉人，故天默佑之如此」。

又《世系錄》：「配吳氏，内閣中書諱玉峀孫女，山西布政使諱龍應女，封一品夫人，壽七十有七」。

雍正十三年乙卯（一七三五年） 十七歲

長子逢甲生。

是年，段玉裁生。

乾隆元年丙辰（一七三六年） 十八歲

是年，桂馥生。

乾隆三年戊午（一七三八年） 二十歲

應鄉試下第歸，研讀算學。

臧庸：〈禮部侍郎莊公小傳〉：「戊午，下第歸，研究算學，忘寢食，因得眩暈疾。」（閔爾昌：《碑傳集補》卷三）。參

見「乾隆六年辛酉」條。

次子通敏生。

是年，任大椿生。

乾隆四年己未（一七三九年） 二十一歲

袁枚、沈德潛成進士。

乾隆五年庚申（一七四〇年） 二十二歲

是年，崔述生。

乾隆六年辛酉（一七四一年年） 二十三歲

再應北雍未售。歸購《數理精蘊》一書，潛思推算，至於眩暈疾，凡讀至繁賾處，他人或望洋意沮，先生必欲詳究而後快。

> 《武進縣志·儒林傳》：「先生嘗曰：『讀書之法，指之必有其處，持之必有其故，力爭乎毫釐之差，深明乎疑似之介，凡以養其良心，益其精智，故其學能究參天人之際，有得于聖人之心。」

> 莊勇成：〈少宗伯養恬兄傳〉：「兄長身玉立，不苟言笑，從幼入塾，即以古人自期，制藝得力於閑汀公。初好金、陳采入閫奧。晚喜唐荊川。研經求實用，則肇端於蔣濟航、錢太拙兩先生。其篤志深邃，窮源入微，獨有會心。於漢則宗仰江都，兼取子正、平子；於宋則取裁五子；於明則欣慕念

臺、□齋。要其寢食弗謼，則薈萃於六經四子之書。蓋自幼
耳濡目染，秉承庭訓。至天文、地輿、算法、樂律、諸子百
家，靡不流覽。由於意所篤好，博觀而約取，其得意則高吟
劇談，雖聽者欲臥而不止。其沉思則雷霆不聞，晝夜矻矻，
必得當而後休。生平無他嗜好，惟喜購買書籍，堆几盈架，
所至必攜以自隨。嘗曰：『室中以他物陳設，何如擁書萬
卷，以備實用爲有益耶？』又嘗云：『讀書之法，指之必有
其處，持之必有其故，力爭乎毫釐之差，深明乎疑似之介，
凡以養其良心，益其神智。』自署齋中屏聯云：『玩經文，
存大體，理義悦心；若己問，作耳聞，聖賢在坐。』其居敬
窮理功夫，於此大概可見。乾隆戊午、辛酉兩試北雍未售，
歸購《數理精蘊》一書，覃思推算，至得眩暈疾。凡書至繁
賾處，他人或望洋意沮，公必欲如視諸掌而後快。（《毘陵莊
氏族譜》卷二十《傳記·家傳》）

是年，弟培因中舉。

莊勇成：《學士仲淳弟傳》：「年十九，乃與伯氏偕行，一
試得售，名噪都下。」（《毘陵莊氏族譜》卷二十〈傳記·家傳〉）

是年，父柱五十二歲，引疾歸養。

乾隆八年癸亥（一七四三年） 二十五歲

是年，邵晉涵生。

乾隆九年甲子（一七四四年）　二十六歲

鄉試中式。

「大考翰詹」時，試題爲〈擬董仲舒天人冊第三篇〉，先生「素精董氏《春秋》，且於原文『冊曰』以下四條，一字不遺」。「上大嘉嘆，即擢侍講」。

> 劉逢祿：〈記外王父莊宗伯公甲子次場墨卷後〉：「先妣又嘗謂祿曰：『乾隆甲子科前期，上聞士習不端，懷挾擬題之風日甚，思痛懲之。命親王大臣嚴立搜檢之法，得一人者，賜軍役一金。士子襭及褻衣，貢院内外枷杻相屬。比日晡，受卷入場者寥寥矣。公與同里圉三司空俱退歸寓舍，將就寢矣。勿得旨盡放進比，欽命題下，曳自者乃至二十餘人，下詔切責，并裁減各省中額，而公與司空俱於是科獲雋，公出，永濟崔公紀之門，且曰：『合觀三場，讀書眞種子也。』即連捷登上第。越歲，大考翰詹，〈擬董仲舒天人冊第三篇〉。公素精董氏《春秋》，且于原文『冊曰』以下四條，一字不遺，上大嘉歡，即擢侍講。嗚呼！音容如在，手澤猶新，忽忽八十年，距公即世已三十四年，先妣即世已十有五年矣。而尹君乃從煨燼之餘得此，猶惜予晚進，不能盡得鄉會試三場硃墨本也。爰謹記而歸之內兄綬甲。」（劉逢祿：《劉禮部集》卷十第八葉）

次女生，後適同邑劉召揚，逢祿之母也。

> 劉逢祿：〈先妣事略〉：「太孺人，姓莊氏，世爲里中望

族。幼嘗逮事外曾王父浙江海寧兵備道南村公暨外曾王母錢太夫人。南村公邃于理學，嘗授以《毛詩》、《小戴記》、《論》、《孟》及小學、《近思錄》、《女誡》諸書。外王父禮部侍郎方耕公爲當代儒學大宗，又獲聞六藝諸史緒論，故自幼至老，酷耽書籍，馬、班、范、陳之史，溫公之《通鑑》，尤周覽不倦，年二十五，歸我先考卣于府君。」（《劉禮部集》卷十第二十三葉）

劉承寬：〈先府君行述〉：「娶禮部侍郎莊公存與之女，初殤二子，禱于都城三聖庵，感異夢而生。府君弱不好弄，每夜分在家塾，非召不入內，既入而莊太恭人尚口授《楚辭》、古詩，雖就枕不輟。」（《劉禮部集》卷十一附第一葉）

是年，王念孫生。

是年，族姪孫莊大久生。

乾隆十年乙丑（一七四五年）　二十七歲

聯捷臚傳一甲第二，授翰林院編修，旋乞假返里省親。

臧庸：〈禮部侍郎莊公小傳〉：「公姓莊氏，名存與，字方耕，江蘇武進人。乾隆乙丑榜眼。」（閔爾昌：《碑傳集補》卷三）

《清史列傳·莊存與列傳》：「乾隆十年，一甲二名進士，授編修」。

莊勇成：〈少宗伯養恬兄傳〉：「甲子、乙丑，聯捷臚傳一
甲第二，授職翰林院編修，時年二十有七。旋乞假省親，家
居年餘，日居子舍，敬聽父訓，曰：『吾初服官，所未信處
極多，必服膺父訓，事事始得指南。』」

乾隆十三年戊辰（一七四八年）　三十歲

在京就職，不甚當掌院意，散館名列不前。

《清史列傳·莊存與列傳》：「十三年五月，散館考列二
等。諭曰：『歷科進士殿試一甲第一名，即授爲修撰。二
名、三名，即授爲編修。至散館時，向無所更易。伊等恃已
授職，遂甘自怠忽，學業轉荒。即如今年散館修撰錢維城，
考列清書三等編修，莊存與考列漢書二等之末，其不留心學
問，已可概見。但錢維城係派習清書，或尚非其所素習，著
再試以《漢書》，候朕閱定。莊存與不准授爲編修，俟引見
時朕酌量其人材，或以部屬，或以知縣，或歸班選用。則此
後一甲之人，皆有所警，而專心學問。若有仍考列三等者，
其例視此。」

莊勇成：〈少宗伯養恬兄傳〉：「兄篤志好學，而疏於酬
應。迨入都就職，不甚當掌院意，散館名次不前，與錢殿撰
維城同擬散補外任。江文端公由敦深知兄務實學，錢亦才敏
絕人，亟言于上，二人乃並得留館三年。上見兄所進經義，
宏深雅健，穿穴理窟，又嘗炷香命題試，錢香未半而詩賦皆
就，始信文端所舉不虛，于是散館後皆不次拔擢。上知兄學

有根柢，極好深湛之思，可備顧問，命入南書房行走。」

臧庸：〈禮部侍郎莊公小傳〉：「戊辰，散館列二等，仍留教習。奉諭旨云：『閉戶讀書，留心經學。』」

姪述祖（葆琛）生，培因出。

宋翔鳳：〈莊先生述祖行述〉：「先生姓莊氏，諱述祖，字葆琛，所居室曰『珍藝宧』，學者稱『珍藝先生』。」（錢儀吉：《碑傳集》卷一〇九）

乾隆十六年辛未（一七五一年）　三十三歲

五月，引見，仍授編修。旋充湖北鄉試副考官。

《清史列傳·莊存與列傳》：「十六年五月，引見，仍授編修。是年，恭逢孝聖憲皇后六旬聖壽慶典，特開鄉會恩科，命於次年春舉行鄉試。十二月，充湖北鄉試副考官。」

乾隆十七年壬申（一七五二年）　三十四歲

六月，大考二等，陞侍講，入直南書房。

《清史列傳·莊存與列傳》：「十七年六月，大考二等，陞侍講，入直南書房」。

是年，孔廣森生。

乾隆十八年癸酉（一七五三年）　三十五歲

六月，擢翰林院侍讀學士，充湖北鄉試正考官。九月，提督湖南學政。（《清史列傳·莊存與列傳》）

> 莊勇成：〈少宗伯養恬兄傳〉：「癸酉冬，由詹事府少詹事授湖南學政，未滿任，即陞內閣學士兼禮部侍郎。計自散館後不數年，晉秩卿貳，留館稍遲，而陞遷特疾，遲速若相補然」。

是年，同邑孫星衍生。

乾隆十九年甲戌（一七五四年）　三十六歲

任湖南學使。

弟培因中式一甲第一，「大魁天下」。

> 莊勇成：〈少宗伯養恬兄傳〉：「歲在甲戌，兄任楚南學使，迎奉錢太夫人于官署，而仲淳弟狀頭之報適至。兄從容問吏可拽旗以表殊恩否？有老吏前跪白曰：『昔常郡趙公諱申喬者，于康熙年間爲湖南巡撫，時得公子及第之報，曾于轅門易巡撫旗爲狀元旗三日。今太夫人在署，與前事相符，允宜揭旗以彰盛事。』兄爰入告錢太夫人而從之。迄今楚南稱爲美談。」

> 莊勇成：〈南村公傳〉：「仲淳大魁時，彭夫人在都下，太夫人在養恬兄湖南學政署中。是年冬，旋里，當事復請補行

撤穀，闔郡男婦長幼，比肩疊趾爭覲太夫人魚軒，咸謂郡城數十百年稀逢盛事，而太夫人兩行之，尤爲罕覯云。」

莊勇成：〈學士仲淳弟傳〉云：「壬戌闈後，考取中翰。未幾，即命入軍機處行走，贊機務，能悉款要，才名籍甚。尚書汪文端公、大學士傅忠勇公親愛尤密。嘗曰：『此才非鼎元一席無以位置。而自辛酉至甲戌，凡一周星，四閱禮闈而未售者二，以兄分校迴避者一，以筆畫微訛摒不得終場者一。至是年三十有二，在他人視之，或亦不以爲晚，而以仲淳瞬息千里之才，未免唾壺欲碎矣。試文英氣澒湧，瑜光燭天，傳播四出，至榜發，仲淳中第三名，廷試以二甲第一進呈。上閱前三卷，不甚當意。至仲淳卷曰：『此卷通曉事理，甚得政體，不宜作狀頭耶？』乃易置一甲第一。時久旱望雨甚切，傳臚前一日乃大雨。上大喜，顧侍臣笑曰：『可謂狀元雨矣。』初，南村公廷對寫作俱佳，進呈第一，後易置二甲第二，張文和公意甚惜之。嘗語人曰：『莊某宜元而不元，稍抑于前必厚償于後。』至養恬、仲淳俱從二甲悉御覽擢至一甲，天意帝心，默相符契，莫之爲而爲，文和之言，至是始驗。」

三子選辰生。

是年，朱筠、王鳴盛、紀昀成進士。

乾隆二十年乙亥（一七五五年）　三十七歲

四月，遷少詹事。六月，擢內閣學士兼禮部侍郎。（《清史列

傳・莊存與列傳》）

是年，戴震始入北京。

浙東史學家全祖望卒，年五十有一。

是年，郝懿行生。

乾隆二十一年丙子（一七五六年）　三十八歲

充浙江鄉試正考官。九月，提督直隸學政。

> 莊勇成：〈少宗伯養恬兄傳〉：「丙子，兄爲浙江正主試，
> 而弟仲淳爲福建正主試。復命兄即爲順天學政，仲淳亦爲福
> 建學政，一時鼎盛，罕有淪比。兄以一門殊遇，事皆竭誠，
> 無毫髮瞻徇。其自律也甚嚴，其課士也彌慎，立法井井，弊
> 竇悉除。按試八旗，防範周密，所取皆眞才。……統計前後
> 爲同考者二，主鄉試者四，爲會試總裁者一，爲學政者三，
> 爲香差者一，知貢舉者一，天文算法總裁官及樂部大臣，派
> 在上書房行走，教學相得，欽愛尤摯。出任中州學使，皇
> 子、皇孫共賦詩寵行。在上書房最久，賜福字豐貉綵緞以及
> 上方珍品食物無算。」

> 又據《昆陵莊氏族譜》：「有清特設樂部，有神樂昇平兩署
> 典署各一人、署丞各二人，皆滿缺，縉紳向不載，僅載管理
> 學部之大臣，故事樂部係簡親郡王一人，及內務府總管一人
> 或二人領之，亦滿洲大臣之責也。惟乾隆間，十二世方耕公
> 任禮部侍郎，以通律呂，特簡爲學部大臣，滿官膺此任者，

實所罕覯可知。公所著有《樂說》□卷，闡經考律，時稱絕學。……翰林官入直上書房，授皇子諸子讀，又直南書房，供奉宸賞翰墨，康熙以來已然，然一人僅直一齋，偶有兩齋互調者，亦不數見，惟方耕公在翰林時，始以侍講入直南書房，繼又以內閣學士兼直上書房，一人兼直兩齋，乾嘉時蓋鮮。方耕公在上齋時授讀兩王子皆有詩名，並研經史，而掌鑒書畫，收藏尤富，一時王公亦罕與儔，世所稱瑤華主人、紅璵主人是也。公以經學名世，爲一代大儒，得其緒餘，在冑子猶溯派詩書寄請翰墨，仰見純廟崇尚經學，宏闡微言，是以授以秩宗，幾經卅載，俾之典樂，釐正八音禮樂之原，實治統之要。久于其職，正與常典命官之義千載同符，決非後世十年不遷之比也。」（《毘陵莊氏族譜》卷十八〈盛事類〉）

又曰：「乾隆丙子，十一世書石公諱柱長子方耕侍郎，典試浙江；本淳學士典試福建，便道歸省，嘉禾錢香樹少司寇句曰：『殿上卿雲傳兩見，膝前天使喜同歸。』一時盛事，鄉里榮之。」

長孫襃生，逢原出。

乾隆二十二年丁丑（一七五七年）　三十九歲

任順天學政，滿、蒙童生因「不能傳遞」鬧場。旋爲御史湯世昌參奏，被革職。僅四日，又諭：「著革職，仍留內閣學士之任，並嚴懲鬧場生員。」

《清高宗純皇帝實錄》乾隆二十三年戊寅二月壬申上諭：

「昨御史湯世昌參奏學政莊存與考試滿洲、蒙古童生，因不能傳遞，輒行喧鬧一案。……然在該學政不過失察無能之咎，不至大罪。朕以旗下生童乃不知守法安靜，亦效外省陋習，此于人心風俗有關。當經親詢該學政，乃不據實陳奏，一味含混支吾，思卸己小過而爲面欺，斯其罪大矣。莊存與著革職。」（《清高宗純皇帝實錄》卷五五七第一至二葉）

僅隔四日，二十三年二月，乾隆又諭：「莊存與于考試童生鬧場一案，既不參奏于前，及朕面召詢問，又不據實陳奏，是以將伊革職。但各童生喧鬧，究因該學政辦理尚屬嚴密，不能傳遞之故。今既審明情節，而該學政竟因此罷黜，殊非懲創惡習之意，莊存與著帶革職，仍留內閣學士之任。」（《清高宗純皇帝實錄》卷五五七第十三葉）並嚴懲鬧場生員，將「發首者發巴里坤，爲從者發拉林種地，以示懲創。」「又派出查審之大臣等，于案內情事，並未嚴行窮究而議罪之處，又不允當，所審皆旗人，故不能不掣肘，而朕豈肯一任其意存瞻徇，而顧頇了事耶？」（同上卷五五七第十五葉）當日，將童生海成「包攬傳遞」「正法」。「附和」鬧場之羅保、和安等「發往拉林種地」（同上卷五五七第十六葉）。「以除陋習」。

《清史列傳·莊存與列傳》：「二十一年，充浙江鄉試正考官。九月，提督直隸學政。二十二年奏：『直隸冒籍生員自首改正，每學多至五、六十名，少者十五、六名，尚有未經查出者，恐此後有將本身入學姓名令兄弟子姪頂替，甚或賣與各省童生頂名呈首，或本人自首于北而他人頂替于南，若但據自首改回，弊恐不少。請將冒籍各生暫停南北歲科兩

試，定限一年，著落本身自首，即據所首姓名、三代籍貫，一面咨禮部存案，一面行該省取具父師親族鄰里切實甘結，地方官加具印結，方准咨回該省家政入冊。如查有假冒頂替，照例辦理，首明雖限一年，咨查需日。己卯鄉試應停收考錄。』下部議行。」

「二十二年二月，存與考試滿洲、蒙古童生，因不能傳遞，各童生擁擠鬧堂。經御史湯世昌參奏，命革存與職。尋諭曰：『莊存與于考試童生鬧場一案，既不能參奏于前，及朕面召詢問，又不據實陳奏，是以將伊革職。但各童生喧鬧，究因該學政辦理尚屬嚴密、不能傳遞之故。今既審明情節，而該學政竟因此罷黜，殊非懲創惡習之意。莊存與著帶革職，仍留內閣學士之任。』又諭曰：『朕以滿洲、蒙古童生，皆世受養之人，乃不知遵奉教約，恣效外省惡習，此于八旗風俗大有關繫，不可不嚴行根究。乃派出查審之大臣等于案內情事，並未嚴行窮究。而議罪之處，又不允行，所審皆旗人，故不能不掣肘，而朕豈肯一任其意，存瞻徇而顢頇了事耶？當經親臨鞫訊，務得實情。而童生海成係包攬傳遞，首先倡議鬧場之犯，一聞覆試，輒將鬧場時帶來之卷倩人補作，捏飾投遞，希圖狡脫，已屬習頑。至在場放鴿傳遞，包攬受賄各情，業經羅保等供證確鑿，乃於朕前又復挾讎誣陷，和安肆其狡獪，抗不吐實。及加覆訊，而狂悖無禮，竟有何不殺之之語。滿洲世僕中有如此敗類，斷不可留矣。因降止將伊正法。其附和鬧場之羅保、和安，即得美納，並搜出懷挾，又復強辯之納拉善，俱發往拉林種地。至

隨從鬧場之夾帶草稿字片之烏爾希蘇等四十人，本應如議發
遣，但既經責訓示懲，俱從寬，令在旗披甲，永遠不准考
試。滿洲教授旺衍係專管伊等之人，臨時已不能約束，而大
臣等詢問，伊尚模稜含糊，不肯吐實，著發往熱河披甲。此
次莊存與所錄，尚屬秉公，而交卷之人，非鬧場之人可知，
著加恩仍准作生員。』尋奏請酌減各直省鄉試官卷中額，諭
曰：『前據莊存與條奏，各直省鄉試官卷應酌減中額一摺，
隨經蔣溥奏請，將官卷裁去，一併歸入民卷，均交大學士九
卿議奏矣。朕昨敬閱聖祖仁皇帝寶錄內載上諭，令大臣子弟
另編字號考試取中，既以肅清弊端，又不致有妨孤寒進取，
恭覽之下，仰見皇祖慎重科名，嘉惠士子。立法之始，本爲
防弊，而彼時諸臣奏行者，不無偏袒子姓親族之見，含糊具
奏，分定中額，未免過多，遂使以憐卹寒畯之意，轉成優倖
縉紳之路，揆之情理，實未允協。此議減議裁者所由來也。
朕思中額貴有限制，而立法務在均平，嗣後各直省鄉試官
卷，于現在定額中斟酌公當，大省每二十名取中一名，中省
每十五名取中一名，邊省官卷屬本無多，不妨稍寬其額，每
十名取中一名，如此辦理，則官卷既免濫取之弊，亦不致有
妨孤寒，不必去官卷之名，而于制科取士兼收並採之道，庶
爲平允，其如何酌量妥辦，無致偏枯，並著大學士、九卿詳
議具奏。』旋議定直隸、江南、浙江、江西、湖廣、福建等
大省官生二十名取中一名，三十一名取中二名；山東、河
南、山西、廣東等中省十五名取中一名，二十三名取中二
名；廣西、雲南、貴州等小省十名取中一名，十六名取中二

名；順天鄉試，滿洲、蒙古、漢軍照小省取中；南北貢監照中省取中。不及額者歸民卷，從之。又奏磨勘舊例，內筆誤二三字，停會試一科，與字句俱疵，不妨寬貸一條，前後互異，請嗣後字句疵謬，罰停會試一科。筆誤無關敝竇者，免議。又奏場內經題，向例同考官先擬，考官書籤挈用，嗣後令考官自擬，以杜同考官代士子豫擬經題之弊。均如所議行。四月，擢禮部右侍郎。」

是年，乾隆南巡，過常州，賜莊柱「御書」。

《毘陵莊氏族譜》：「上南巡，過常州，賜前浙江溫處道副使、封資政大夫、禮部右侍郎、第十一世南村公諱柱、字書石御書石刻、緞四端。」

乾隆二十三年戊寅（一七五八年）　四十歲

八月，「御纂」《春秋直解》書成，乾隆皇帝制《序》，謂欲「息諸說之紛歧以翼傳，融諸傳之同異以尊經」。蓋言「屬辭比事」，「微言大義」，益「熔範群言」「以維一統」，已為帝皇所注視。先生之昌言今文，亦適應時代之需求也。

《春秋直解》「御制」〈序〉曰：「中古之書，莫大于《春秋》，推其教，不越乎屬辭比事，而原夫成書之始，即游、夏不能贊一辭，蓋辭不待贊也。……矧以大聖人就魯史之舊，用筆削以正褒貶，不過據事直書，而義自為比屬其辭，本非得已，贊且奚為乎？厥後依經作傳，為左氏身非私淑，號為素臣，猶或詳于事而先之诬，至公羊、穀梁去聖逾遠，

又有發墨守而起廢疾，儼然操入室之戈者。下此艱難聚訟，人自爲師，經生家大抵以胡氏安國、張氏洽爲最著。……其間傅會臆斷，往往不免，承學之士，宜何所考衷也哉！……我皇祖欽定傳說彙纂一書，鎔範群言，去取精審，麟經之微言大義炳若日星，朕服習有年，……命在館諸臣，條系是經，具解以進，……以彙纂爲指南，意在息諸說之紛歧以翼傳，融諸傳之同異以尊經，庶幾辭簡而事明。……夫儒者猥云五經如法律，《春秋》如斷例，故啖助、趙匡、陸淳輩悉取經文書法纂而爲例，……引微切墨以求之，動爲鑿枘之不相入。……蓋曲說之離經，甚于曲學之泥經也審矣。」

所以名此書曰《直解》者，「非不求甚解之謂，謂夫索解而過，不直則義不見爾，而豈獨《春秋》一經爲然哉！是所望于天下之善讀經者。」（《清高宗純皇帝實錄》卷五六八第二十二葉）

　　乾隆又諭「乾綱獨斷，政柄從無旁落」。「大一統」之說，自爲所樂聞。莊存與之昌言今文，亦有時代之因素。蓋雍正以來，大興文字獄，今值「盛世」，猶欲稽古右文云爾。姑錄「上諭」數則：

乾隆二十三年戊寅十二月癸丑朔，諭接位以來，「于茲二十三年，宵旰勤勞，惟以法祖勤民爲念。……今當日食求言，正我君臣側席修省之時，……有以親藩怙勢者矣，今之奉藩恪謹者何如，有大臣朋黨宦官壞法者矣。今之于大權、撓法紀者安在？我朝聖聖相承，乾綱獨斷，政柄從無旁落，如康

熙年間之明珠、索額圖、徐乾學、高士奇，雍正年間之李衛、田文鏡等，其人皆非敢敗法干紀，如往代之比，不過私心未化，彼此各持門戶之見。即朕初年，鄂爾泰、張廷玉二人，亦未免故智未忘，今則並此而忘之矣。孫灝既欲建言，則凡在朝臣工之賢否，與夫朕躬之得失，皆宜切實指陳，朕必當虛懷採納。若仍以撫拾浮詞，自矜骨骾，究無當于國是，而朕亦復虛文相尚，藉以博納諫之名，此則朕所恥而不爲者矣。」（《清高宗純皇帝實錄》卷五七六第五葉）

「猶記乾隆初年，詔廷臣集思廣益，至再至三，然諸臣章奏，亦不過撫拾浮言，自行其私而已。且彼時事之大者，莫過鄂爾泰、張廷玉門戶之習，初未聞一言及之。」（同上卷五七六第七～八葉）

十二月甲寅，又諭：「御史湯先甲所奏刑法宜爲變通一摺，所言甚屬迂謬。」以歷言戴名世、呂留良及乾隆時之胡中藻「逆書之案，皆治以重典，昭示炯戒，歷歷可考。」（同上卷五七六第十一葉）「湯先甲以小臣不知政務，撏撦故冊，撫拾浮言，……是伊本無所見，不過藉以博應詔之名耳。雖其所奏舛謬，朕亦不加之罪。原摺已經擲還。」（同上卷五七六第十五葉）

是年，惠棟卒。

乾隆二十四年己卯（一七五九年）　四十一歲

四月，奏各省優生赴京朝考，請照考試續到拔貢不拘人數之

例，一體辦理。從之。（《清史列傳·莊存與列傳》）

閏六月，丁父憂。弟培因奔喪歸，一慟而絕。培因，甲戌狀元，有《虛一齋集》五卷；子述祖，字葆琛，見「乾隆四十五年」條。

《武進陽湖合志·文學傳》：「莊培因，字本淳，辛酉舉人，官中書，入軍機房辦事。……甲戌，進士第一人，官修撰，充日講起居注，官翰林。……授侍講學士，督學福建，曾以閩中大儒爲諸生勗，試卷不盡閱不置，雖不及格，有佳處必手批指示。按臨一郡畢，即失意生儒，追送請見，踰百里外。益自刻勵，精力耗減不恤也。父喪，聞訃哀毀不食者七、八日，病遂亟，抵里一日卒，年三十七。朝野咸痛惜之。福建士子相率爲私祠以奉，稱之孝狀元云。」

莊勇成：〈學士仲淳弟傳〉：「方耕聞南村公訃，先抵家數日，旋睹仲淳之變，哀痛愈摯曰：『吾與弟幼同侍兩尊人，長同仕禁，近若驂之有靳、鄂之有跗，無須臾離，今已矣，死生契闊，欲求風雨對床，寧可得乎？』以錢太夫人年高節哀，曲爲勸解。及見姪述祖成進士，心始稍慰。仲淳屬纊時，述祖年始八齡，其英俊勤學似父，而渾融沉默，得奉教于方耕。及長，痛其父之早亡，詩古文詞隨手散軼，斤斤搜扣，斷楮殘墨，寶若拱璧，彙成《虛一齋集》五卷。」

按：《虛一齋集》，光緒九年季秋開雕，莊氏刻本，凡五卷，其目爲：卷一：賦、雅、樂府；卷二：詩；卷三：詩；卷四：詩；卷五：表奏、講義、序、策。其卷五《序》類〈丙子福建鄉試錄序〉曰：「臣培因偕

臣思皇，率同考官知縣臣賀駿等，共矢公慎，悉心校閱，得士九十五人，貢成均者十七、八，……臣惟文所以載道也。唐韓愈有言：『文章豈不貴，經訓乃菑畬』。又言：『文無難易，惟其是耳』。士子讀聖賢書，發爲詞章，要當根柢六經，閎中而肆外，而其辭必已出不爲剿說雷同，始無媿乎作者。或者溺于揣摩之習，摶撦餖飣，求工字句，開浮摩輕薄，轉相仿傚，去大雅之旨逾遠，此其弊始于文體，而實有關于人心風俗之大，非淺鮮也。……惟恪遵欽定四書文爲格式，至二、三場亦取其學有原本、辭無枝葉者，而一切浮靡勦襲，媮爲速行之術，概黜弗錄。繼自今，十二府州人士庶知文體之關乎心術，刻意屬行，以立德、立言爲亟，上追朱子教澤所至，以仰酬皇廷興賢良才至意，此臣等區區微忱所欲藉手以報萬一者爾。」（莊培因：《虛一齋集》卷五第十六～十九葉）

宋翔鳳：〈莊先生述祖行狀〉：「學士公早歿，先生甫十歲，居喪如成人。時伯父侍郎公于五經皆有論說，彭恭人之季弟二林先生爲文精深，先生皆取法焉。」（錢儀吉：《碑傳集》卷一〇九）

乾隆二十五年庚辰（一七六〇年）　四十二歲

丁父憂，家居。

乾隆二十六年辛巳（一七六一年）　四十三歲

《莊氏族譜》成，先生閱而「泣下不能已，哀吾先君子之經始其事，而不及觀其成也。」（《莊氏族譜序》）

孫貴甲生，逢原出。

孫雋甲生，通敏出。

是年，同邑張惠言生。江藩亦生于本年。

乾隆二十七年壬午（一七六二年） 四十四歲

正月，服闋，補內閣學士。

是年，江永卒。

乾隆二十九年甲申（一七六四年） 四十六歲

是年，秦蕙田卒。

是年，阮元生。

乾隆三十年乙酉（一七六五年） 四十七歲

子逢原中式舉人。

乾隆三十一年丙戌（一七六六年） 四十八歲

是年，王引之（伯申）生。

乾隆三十三年戊子（一七六八年） 五十歲

命在上書房行走。（《清史列傳·莊存與列傳》）先生所學與當時講論不相入，故祕不示人。

> 阮元：〈莊方耕宗伯經說序〉：「公通籍後，在上書房授成親王經史，垂四十年。所學與當時講論或枘鑿不相入，故祕不示人。通其學者，門人邵學士晉涵、孔檢討廣森及子孫數人而已。」（莊存與：《味經齋遺書》卷首，《揅經室集》未載）

乾隆三十四年己丑（一七六九年）　五十一歲

是年，任大椿登第。

乾隆三十六年辛卯（一七七一年）　五十三歲

三月，充會試副考官，會試所得士李晴川，阮元少時之業師也。

> 阮元：〈莊方耕宗伯經說序〉：「元少時受業于李晴川先生，先生固武進莊方耕宗伯辛卯會試所得土也。常爲元言宗伯踐履篤實，于五經皆能闡抉奧旨，不專專爲漢、宋箋注之學，而獨得先聖微言大義于語言文字之外，斯爲昭代大儒，心竊摹之。」（同上）

六月，充浙江鄉試正考官。

乾隆三十七年壬辰（一七七二年）　五十四歲

受命教習庶吉士。

次子通敏成進士。

乾隆三十八年癸巳（一七七三年）　五十五歲

仍補禮部右侍郎。

乾隆三十九年甲午（一七七四年）　五十六歲

提督山東學政。尋補河南學政。

孫綏甲生，逢原出。先生「於諸孫中尤愛」之。

> 劉逢祿：〈記外王父莊宗伯公甲子次場墨卷後〉：「公于諸
> 孫中尤愛綏甲，綏甲生于甲午，長予二歲，至相得也。」
> （劉逢祿：《劉禮部集》卷十第八葉）

> 按：莊綏甲，字卿珊，少受學於從父述祖，盡通莊氏《公羊春秋》等
> 學，尤精《尚書》，與劉逢祿、宋翔鳳時相研泳，撰有《尚書考異》
> 等，李兆洛有〈監生考取州吏目莊君行狀〉，見《養一齋文集》卷十二
> 第三一～三三葉。

乾隆四十年乙未（一七七五年）　五十七歲

族姪孫莊大久所撰《周官指掌》略定稿，先生見之，大加嗟賞。

> 左輔：〈大久莊先生傳〉：「先生姓莊氏，諱獻可，後改有
> 可，字大久，常州武進人。郡庠生，以季子詵男貴，由庶常
> 改官南召縣知縣，封如其官，加級晉贈奉直大夫。先生幼沈
> 粹內朗，喜讀書，無歧好。……首撰《周官指掌》一書，族
> 祖侍郎養恬先生見之，大加嗟賞。自言諸經中《春秋》功最
> 摯，嘗語余曰：『頻年究心《春秋》，讀二千餘遍，精美日
> 出。近於字數得定歲差法，爲論甚奇，惜未究其說也。』」
> （莊大久：《慕良雜纂》卷首）

> 按：莊大久以爲訓詁聲韻，不可廢也。其言經，以爲「非今文因古文以
> 重，實古文藉今文以明」。似崇奉今文者，而于古文家說，亦間有耽
> 信，如以《周禮》爲周公治天下之書，〈周官指掌序〉曰：『而或有以
> 爲《周禮》盡在于是，則非也。然而職掌所及，禮制大端頗多可考，故

其方位國野亦參之可求,則是書之不燼于秦,蓋亦周先王禮意之精,有不焚于霄壤者在也。乃或疑其官職多闕,〈冬官〉盡亡,質之他書,動多齟齬,因以爲未成之書,是固不然。夫周武王克商,以至幽王之末,三百餘年,典禮詳備,而官守獨是書藏諸故事,其將何以爲始。』

莊大久著述盈四百卷,不專主一家,亦不偏廢一家,存其所長而闕其所短。自謂平生致力于《春秋》,又以左氏爲「聖經之蟊賊」,循程、胡之理,用公、穀之意,核左氏之事。雜取諸家之說,爲之注釋。〈春秋左氏傳論〉曰:『予觀左氏之傳《春秋》,蓋聖經之蟊賊也,其詞誇,其事博,……雖爲傳,而其義之背乎經者,蓋十有八九,學者溺其文而執其說,鮮不爲所蔽矣。』(莊大久:《慕良雜著》卷二)〈春秋注釋序〉曰:「在昔傳《春秋》者甚眾,左氏以事,公、穀以意,程、胡以理。……可自讀《周官》,稍通周制,因知孔子之志,無不本文、武之治治《春秋》也。于是循程、朱之理,用公、穀之意,核左氏之事,雜取諸家之說,爲之注釋,要無不以周制爲本。」按《春秋注釋》十六卷,原稿已佚。

莊大久于《易》、《書》、《詩》、《禮》、《春秋》咸有撰述,參見本書卷三「道光二年壬午」條。

聘海寧陳以綱課通敏學。

時海寧陳以綱(立三),授莊通敏學,「自謂『欲于五經皆論述,如通千里程,三月聚糧。故于名物、象數、先儒同異之說,劄記甚多。又自以名諸生久不得第,脫國家于科舉外求,非常州有知我者;列名荐牘,當微著述。今不及早蒐輯,一日何以應之。』座客或笑其迂,而章實齋先生則甚重之。」(〈庚辛之間亡友錄〉)

是年,汪耀祖、王念孫成進士。

乾隆四十一年丙申（一七七六年） 五十八歲

丁母憂。

外孫劉逢祿生。

　　劉承寬：〈先府君行述〉：「府君生于乾隆四十一年六月十
　　二日戌時，卒于道光九年八月十六日未時，享年五十有
　　四。」（《劉禮部集》卷十一第十葉）

乾隆四十二年丁酉（一七七七年） 五十九歲

居鄉。姪述祖中式舉人。

五月，戴震卒。

乾隆四十三年戊戌（一七七八年） 六十歲

服闋。

子選辰中進士。

孫濤生，選辰出。

乾隆四十四年己亥（一七七九年） 六十一歲

六月，署禮部左侍郎。

宋翔鳳生，翔鳳母爲莊培因之女。

　　《毘陵莊氏族譜》卷三〈世系錄·培因〉下：「女

四，……，三適元和宋簡，乾隆庚戌進士，山東高密縣知縣。」

十月，補禮部右侍郎。

乾隆四十五年庚子（一七八○年）　六十二歲

孫衡甲生，選辰出。

姪述祖成進士。

《武進縣志·儒林傳》：「莊述祖，字葆琛，培因子，十歲而孤。乾隆四十五年成進士，歷官山東濰縣知縣。……述祖家學淵源，研究精密，于世儒所忽不經意者，覃思獨闢，洞見本源，所著《夏小正經傳考》，釋及古文甲乙篇，皆義理宏達，爲前賢所未有。五經悉有撰著，旁及《逸周書》、《尚書大傳》、《史記》、《白虎通》，於其舛句、訛字、佚文、脫簡、編輯次序，博引證據，不啻面稽古人也。所著書目，並載〈藝文志〉中。」

莊述祖：〈夏小正考序〉：「述祖少失學，長習進士業，及舉于禮部，退歸後乃求所以闚古人之學，莫得其階，不能自已。始從事于漢人所謂小學家言。先治許氏《說文解字》，稍稍識所附古文，以爲此李斯未改三代之制，以前倉籀遺文留什一于千百者也，欲究心焉。」（莊述祖：《夏小正考》卷端）

按：莊述祖歷官山東昌樂縣、濰縣知縣，曹州府桃源同知，嘉慶二年呈請終養。著述甚多，有《尚書古今文授讀》四卷、《尚書記章句》一

卷、《尚書古今文考證》一卷、《尚書雜義》一卷、校《尚書大義》三卷、校《逸周書》十卷、《書序說義考證》二卷、《毛詩授讀》三十卷、《毛詩口義》三卷、《毛詩考證》四卷、《詩記長編》一卷、《樂記廣義》一卷、《左傳補注》一卷、《穀梁考異》二卷、《五經小事述》一卷、《五經疑義》一卷、《特牲饋食禮節記》一卷、《論語集解別記》二卷、《明堂陰陽夏小正經傳考釋》十一卷、《明堂陰陽記長編》十卷、《古文甲乙篇》四卷、《甲乙篇編旁條例》二十五卷、《說文古籀疏證》十五卷、《說文諧聲考》一卷、《說文轉注》二十卷、《鐘鼎彝器釋文》一卷、《石鼓然疑》一卷、《聲字類苑》一卷、《弟子職集解》一卷、校正《列女傳凡首》一卷、校正《白虎通別錄》三卷、《史記決疑》五卷、《天官書補考》一卷、校正〈孔子世家〉一卷、《歷代載籍足證錄》一卷、《漢鏡歌句解》一卷、《詩集》三卷、《文集》四卷。嘉、道間,武進莊氏刊有《珍藝宧遺書》。宋翔鳳有〈莊珍藝先生行述〉;李兆洛有〈莊珍藝先生傳〉,見《養一齋文集》卷十三第五～六葉。

宋翔鳳:〈莊先生述祖行述〉:「庚子,成進士。相國阿桂公以先生故人子,欲羅致之,避嫌不往謁,時和相用事,阿公之門下士稍稍去,亦以是疑先生。殿試卷已擬進呈,後牢置十卷,後引見,歸斑銓選,先生遂歸,奉母以居。」(錢儀吉:《碑傳集》卷一〇九)

乾隆四十六年辛丑(一七八一年) 六十三歲

蘇四十三等領西北回族、撒拉族起事。

乾隆四十七年壬寅(一七八二年) 六十四歲

正月,《四庫全書》成,先生爲總閱官。乾隆皇帝「命禮部侍

郎莊存與在上書房行走」。（《清高宗純皇帝實錄》卷一一四九第十五葉）

本年，乾隆皇帝舉行「仲春經筵」，德保、曹秀先講《論語》「知者樂，仁者壽」後，乾隆以爲「仁者知之體，知者仁之用」，朱熹「不兼仁知而言，不得孔子眞義」（同上卷一一五〇第四～五葉）。對高踞堂廟之宋學已有微詞。

十一月，乾隆皇帝命皇子、軍機大臣等訂正《通鑒綱目續編》，以其「於遼、金、元事多有偏謬」。謂孔子作《春秋》即未「肆口漫罵」。諭：《通鑒輯覽》「書法體例有關大一統者，均經朕親加訂定」，使天下後世曉然于《春秋》之義。並命皇子等于《續編》「量爲刪潤，以符孔子《春秋》體例」。言《春秋》，倡「大一統」。先生之復興今文經學，亦有以也。

> 乾隆皇帝于十一月庚子，命皇子暨軍機大臣訂正《通鑑綱目續編》，諭曰：「《續編》內于遼、金、元事多務議論偏謬」，「試問孔子《春秋》內，有一語如發明廣義之肆口嫚罵所云乎？向命儒臣編纂《通鑑輯覽》，其中書法體例，有關大一統一義者，均經朕親加訂正，頒行天下。如內中國而外夷狄，此作史之常例，顧以中國之人，載中國之事，若司駁，朱子義例森嚴，亦不過欲辨明正統，未有肆行嫚罵者。朕于《通鑒輯錄》內存弘光年號，且將唐王、桂王事跡附錄于後，……使天下後世曉然于《春秋》之義，實爲大公至正，無一毫偏倚之見。……其議論詆毀之處，著交諸皇子及軍機大臣量爲刪潤，以符孔子《春秋》體例。」（同上卷一一六八第十四～十五葉）

是年，胡培翬生。

乾隆四十八年癸卯（一七八三年）　六十五歲

是年，邑人黃景仁（仲則）力疾出都，將遊西安。四月二十五日，卒于江西運使沈業嵩署。

乾隆四十九年甲辰（一七八四年）　六十六歲

二月，轉禮部左侍郎。

是年，乾隆皇帝南巡。劉逢祿之父卣于應召試，置第一，欲大用，卣于未赴補。

> 劉逢祿：〈先府君行述〉：「甲辰歲，應南巡召試，高宗純
> 皇帝親置第一，謝恩日，知爲文定公少子，喜謂侍臣：『是
> 能世其家者。』思欲大用矣，而府君自以山野之性，不耐奔
> 走當途，乃不赴補，且不應禮部試。」（劉逢祿：《劉禮部集》
> 卷十第二十三葉）

乾隆五十年乙巳（一七八五年）　六十七歲

八月，「命偕禮部尙書德保重輯《律呂正義》」。（《清史列
傳·莊存與列傳》）

是年，「入千叟宴，被賜詩杖豐貂綵緞等物」。

> 莊勇成〈先宗伯養恬兄傳〉：「乾隆五十年，純皇帝舉千叟
> 會盛典，兄得與焉。賜以詩杖豐貂綵緞等物，稽古之榮，于

兄已至。顧或者以兄年未四十，即官禮部，後逾三十餘年，未嘗一轉他部，晉秩公卿，以是爲兄惋。豈知虞廷用人，或教稼，或明倫，或典禮樂，或爲士終其身，各任一職，至有世其官者，曷嘗以此眾職爲賢否耶？且兄好學，至老不衰，證今考古，探賾索隱，卒爲禮樂名臣。然則兄之知遇已隆，而其所得亦既多矣。」

是年，邵晉涵《爾雅正義》二十卷成。（《邵二雲年譜》）

乾隆信任和珅，中央權落，「臣工順意」，與「大一統」不相容。先生「在乾隆末，與大學士和珅同朝，鬱鬱不合」，「故于《詩》《易》君子、小人進退消長之際，往往發憤慷慨，流連太息。讀其書，可以悲其志云。」（魏源：〈武進莊少宗伯遺書序〉，見《魏源集》第二三八頁，中華書局一九七六年版）存與隱憂國是，仰承「大一統」之旨，其書「又不刊版行世，是以無聞」云。（董士錫：《易説序》，見《味經齋遺書》卷首）

乾隆五十一年丙午（一七八六年）　六十八歲

乾隆皇帝諭以：莊存與「年力就衰，難以供職」，予以「原品休致」（《清高宗純皇帝實錄》卷一二四七第六葉）。歸里，「靜氣凝神，手不釋卷，房外問字之車日集」（莊勇成：〈少宗伯養恬兄傳〉）。

孫雋甲中式。阮元同舉于鄉。

阮元：〈莊方耕宗伯經説序〉：「歲丙午，與公之文孫雋甲同舉于鄉。是時，公已駕組歸田，未及以通家子禮求見，親

炙其緒言也。」（見莊存與：《味經齋遺書》卷首）

先生歸里，外甥劉逢祿隨母入謁，先生喜謂女曰：「而子可教」，「此外孫必能傳吾學」。逢祿傳莊氏之學而輝煌之。

劉逢祿：〈記外王父莊宗伯公甲子次場墨卷後〉：嘉慶十有五年，擬焚各省鄉會試卷，尹濟源藏先生卷。丁丑：「余以庶吉士改官儀部，始識尹君」。「余幼時，先姚誨之學，必舉所聞于宗伯公經史大義，以糾俗師之謬。乾隆丙午，公予告歸里，余年十一，叩其所讀賈、董文章，喜謂先姚曰：『而子可教，從何師得之』。」劉母應曰：「兒弱不好弄，塾師歲時歸舍，女自課之耳。」（劉逢祿：《劉禮部集》卷十第八～九葉）

劉承寬：〈先府君行述〉：「（劉逢祿）年十一，嘗隨母歸省。時宗伯（莊存與）予告歸里，叩以所學，應對如響。歎曰：『此外孫必能傳吾學』。」（同上卷十一附第一葉）

劉逢祿讀《左氏春秋》，「疑其書法是非多失大義」。

劉逢祿：《左氏春秋考證》：「余年十二，讀《左氏春秋》，疑其書法是非多失大義。繼讀《公羊》及董氏書，乃恍然于《春秋》非記事之書，不必待《左氏》而明。左氏為戰國時人，故其書終三家分晉，而續經乃劉歆妄作也。」

先生「教子孫持家範」，家居「宇舍精潔，器物整齊」。

臧庸：〈禮部侍郎莊公小傳〉：先生「教子孫持家範，勿令

稍染時趨，接物中正平易，人亦無敢干以私者。家居宇舍精潔，器物整齊，書籍時親檢點，勿使稍有參錯。」（閔爾昌：《碑傳集補》卷三）

是年，陳奐生。

乾隆五十二年丁未（一七八七年）　六十九歲

常州重修府學廟，先生撰文書丹。碑久逸，頃始發現，已傾圮。

> 莊存與：〈重修常州府廟記〉：「郡學自康熙二十六年修□□今九十餘歲，傾圮非一。乾隆四十二年秋，存與居鄉，吾邑紳佩士具呈各憲請修文廟學舍。」「並公舉董事妥協辦理，工竣勒石。」下列捐款、工費。謂「非上下相濟，曷克臻厥成哉！洪我聖朝文教隆盛，吏治肅清」，因為此記。末署「賜進士及第、翰林院編修、誥授光祿大夫、禮部左侍郎加二級莊存與撰文并書丹。乾隆五十二年□□月□□□丹。」

> 按：此碑久逸，己卯春，常州某校修建始得，已破損。蒙常州市文物管理委員會、常州市博物館以拓片見贈。銘字書法工秀雅麗，惜拓片過長，無法製版。

乾隆五十三年戊申（一七八八年）　七十歲

七月，無疾卒于里第。

子三：逢原、通敏、選辰。孫五。

莊勇成：〈少宗伯養恬兄傳〉：「生子三，長逢原，乙酉舉人，全椒縣教諭。次通敏，壬辰進士，歷官詹事府左春坊左中允；次選辰，戊戌進士，甲辰南巡召試，授內閣中書。孫五人，通敏子雋甲，丙午中式，餘皆有聲黌序，勤學砥行，其謙和醇謹，望而知爲南村公後裔。」

先生經部撰著甚多，有《象傳論》一卷、《象象論》一卷、《繫辭傳論》二卷、《八卦觀象解》上下篇、《卦象解》一卷、《尚書既見》三卷、《尚書說》一卷、《毛詩說》四卷、《春秋正辭》十一卷、《春秋舉例》一卷、《春秋要指》一卷、彙爲《味經齋遺書》。道光八年，孫綏甲始刻《易》說。有光緒八年重刊本，陽湖莊氏藏板，板藏常州狀元第，余幼時尚見之。日寇侵華，藏板被毀。先生學術，另詳卷二。

董士錫於道光八年十月十日撰〈易說序〉：「莊先生存與以侍郎官于朝，未嘗以經學自鳴，成書又不刊板行世，世是以無聞焉。嘉慶間，其彌孫劉逢祿作《公羊釋例》，精密無耦，以爲其源自先生。道光八年，其孫綏甲刻所著《易》說若干卷成，以示余，再三讀之。」（莊存與：《味經齋遺書》卷首）

　　按：董士錫爲同邑張皋文之甥。

莊氏撰著要旨，見本書卷二。

卷二 味經

先生所著書，生前未刊板行世，外孫劉逢祿致力推譽，孫綏甲錄寄粵東，阮元聞先生「踐履篤實，於六經皆能闡抉奧旨，不專專爲漢、宋箋注之學，而獨得先聖微言大義于語言文字之外」。刻《春秋正辭》於《皇清經解》，以爲先生所學與當時講論或枘鑿不相入，故祕不示人。

阮元：〈莊方耕宗伯經説序〉曰：「元少時受業於李晴川先生，先生固武進莊方耕宗伯辛卯會試所得士也。常爲元言宗伯踐履篤實，於六經皆能闡抉奧旨，不專專爲漢、宋箋注之學，而獨得先聖微言大義於語言文字之外，斯爲昭代大儒。心竊慕之。」

「歲丙午，與公之文孫雋甲同舉於鄉。是時，公已解組歸田，未及以通家子禮求見，親炙其緒言也。公之弟學士本淳公之子述祖官山東，元視學時，常歎其學有本原，博雅精審，爲不可及。歲辛未，公之外孫劉逢祿應春官試，館於邸寓，公之從孫宋翔鳳亦時來講學，益歎公之流澤長也。」

「元於庚寅歲建學海堂講舍於粵東，思欲蒐采皇朝説經之書，選其精當，臚其美富，集爲大成，爲後學津逮。茲劉君從其外兄莊綏甲錄寄宗伯公遺書凡□種。元受而讀之。《易》則貫串群經，雖旁涉天官分野、氣候，而非如漢、宋

諸儒之專衍術數、比附史事也。《春秋》則主《公羊》董子，雖略采左氏、穀梁氏及宋、元諸儒之說，而非如何劭公所譏倍經任意、反傳違戾也。《尚書》則不分今古文文字同異，而剖析疑義，深得夫子序《書》、孟子論世之意。《詩》則詳於變雅，發揮大義，多可陳之講筵。《周官》則博考載籍，有道術之文爲之補其亡闕，多可取法致用。樂則譜其聲、論其理，可補古《樂經》之闕。《四書說》敷暢本旨，可作考亭爭友，而非如姚江王氏、蕭山毛氏之自開門戶、輕肆詆詰也。」

「公通籍後，在上書房授成親王經史垂四十年，所學與當時講論或枘鑿不相入，故祕不示人。通其學者，門人邵學士晉涵、孔檢討廣森及子孫數人而已。文孫綬甲慮子孫之不克世守，既次第付梓行世，元復爲之序其大略，刊入《經解》，以告世之能讀其書者。」（莊存與：《味經齋遺書》卷首第一至二葉）

按：《皇清經解》收先生《春秋正辭》十卷。

先生撰著，亦曾單本刊行，如《八卦觀象篇》，由邑人李兆洛刊布。

薛子衡：〈八卦觀象篇跋〉曰：「先生經說多已刊布，是書則今歲吾師申耆先生始刊行之。余又得先生之孫經饒先生寫本校正焉。道光十八年，歲次戊戌八月，同邑後學薛子衡謹跋。」（莊存與：《味經齋遺書·八卦觀象》後）

朱景昌亦有跋：「方耕先生遺書，大半多已刊行，是書則吾

師申耆先生今歲校刊也。剞厥既就，以景昌習於天官家言，
命疏其所以故，述其略例如右。道光戊戌季秋月朔，江陰後
學宋景昌謹跋。」（同上）

　　道光間，《味經齋遺書》刊行，陽湖莊氏藏版；光緒八年重
刊。所著書目爲：

《易》一

　　《彖傳論》一卷　　　　《彖象論》一卷

　　《繫辭傳論》二卷　　　《八卦觀象論》二卷

　　《卦氣論》一卷

《書》二

　　《尚書既見》三卷　　　《尚書說》一卷

《詩》三

　　《毛詩說》四卷

《周官》四

　　《周官記》五卷　　　　《周官說》五卷

《春秋》五

　　《春秋正辭》十一卷　　《春秋舉例》一卷

　　《春秋要指》一卷

樂六

　　《樂說》二卷

四書七

　　《四書說》一卷

　　魏源撰〈遺書序〉，以先生爲「眞漢學」，謂「君在乾隆末，

與大學士和珅同朝，鬱鬱不合」，「發憤慷慨，流連太息」。

> 魏源：〈武進莊公宗伯遺書序〉：「清有天下百餘年，獎崇
> 六藝之科，表章明經之儒，招徠獻書之路，摩屬大江南北言
> 游文學之區，刮滌明季虛誣鄉壁虛造之習，其褒然成家，著
> 錄國史館儒林傳者人數十外，其官至九列，例不入儒林，入
> 大臣傳者猶十餘葦。」
>
> 「武進莊方耕少宗伯，乾隆中以經術傅成親王於上書房十有
> 餘載，講幄宣敷，茹吐道誼，子孫輯錄成書，為《八卦觀
> 象》上下篇、《尚書既見》、《毛詩說》、《春秋正辭》、
> 《周官記》如干卷，崒乎董膠西之對天人，醰乎匡丞相之述
> 道德，肶乎劉中壘之陳今古，未嘗凌雜鈆析，如韓、董、
> 斑、徐數子所譏，故世之語漢學者鮮稱道之。嗚呼！君所為
> 真漢學者，庶其在是，所異於世之漢學者，庶其在是。
> 《易》『童觀，小人無咎，君子吝』，言『賢者識大，不賢
> 者識小』，致遠恐泥，是以君子不為焉。」
>
> 「君在乾隆末，與大學士和珅同朝，鬱鬱不合，故於
> 《詩》、《易》君子小人進退消長之際，往往發憤慷慨，流
> 連太息，讀其書可以悲其志云」（《魏源集》二三七～二三八頁；
> 《味經齋遺書》所載，與此有異。）

乾隆末，先生行誼，已入本書卷一，茲不贅。

先生於諸經時有撰著，《易》則「貫串群經，雖旁涉天官分
野、氣候，而與漢、宋諸儒之比附史事有異。」道光八年，「其孫
刻所著《易》若干卷成」。

阮元：〈莊方耕宗伯經說序〉謂先生：「《易》則貫串群經，雖旁涉天官分野、氣候，而非如漢、宋諸儒之專衍術數，比附史事也。」

董士錫：〈易說序〉：「莊先生存與以侍郎官於朝，未嘗以經學自鳴，成書又不刊板行世，世是以無聞焉。嘉慶間，其彌甥劉逢祿作《公羊釋例》，精密無稠，以爲其源自先生。道光八年，其孫綬甲刻所著《易》說若干卷成，以示余，再三讀之。蓋先生深於《周禮》，深於《春秋》，深於天官曆律五行之學。夫深於《周禮》，則綜覈名物，不厭其詳。深於《春秋》，則比事屬辭，不厭其密。深於天官曆律五行之學，則徵引斷制，不厭其博。故其爲說，以孟氏六日七分爲經，而以司馬遷、班固天官、地理、曆律各書志爲緯，其爲文辯而精，醇而肆，旨遠而義近，舉大而不遺小，能言諸儒所不能言。不知者以爲乾隆間經學之別流，而知者以爲乾隆間經學之巨匯也。方乾隆時，學者莫不由《說文》、《爾雅》而入，醇深於漢經師之言，而無涸於游雜其門人爲之，莫不以門戶自守，深疾宋以後之空言，固其藝精，抑示術峻，而又烏知世固有不爲空言而實學恣肆如是者哉！」（董士錫：《易說序》，見《味經齋遺書》卷首）

又曰：「余爲張先生惠言弟子，學《易》謹守師法，如莊先生書，昔所未見。循誦既畢，竊歎天壤間學問之大，有非可以一端竟者，因即所見以附識此。」（同上）

薛子衡：〈八卦觀象解跋〉曰：「吾郡莊方耕先生邃精天

官、律曆家言，而一以六經爲本。其言《易》之書不一種，
而《觀象解》二卷，則以垂象之義言《易》者也。其書曾以
八卦準四時分至，以二十八宿、十二次準六十四卦，而斗建
雲漢日月五緯緯焉。次以北斗帝居奠乾維，則四正四維之統
宗也。以房心權衡咸池虛危奠震離兌坎，則四官四正也。以
斗魁太階漢津攝提奠乾坤艮巽，則四紀四維也。北斗自乾攝
巽，自西北徑東南，天門地戶也。雲漢自艮達坤，以陰升，
以陽降，山河之首尾也。星紀牽牛，日月之所終始也。故封
域之分星，日月之贏縮，歲星熒惑塡星太白辰星之見伏又次
之，此言象之大旨，而《易》應焉。」（同上）

李兆洛弟子宋景昌亦有跋，其言曰：「漢之分星，猶有說焉
以處此，又何疑於古乎？陰陽遲疾，始於乾象，歲差始於大
明，前民未之有也。曷爲及之？曰：漢初所傳，黃帝、顓
頊、夏、殷、周、魯六術以推春秋，多所抵牾，定爲僞托，
而三代之盛不聞，星辰失次，至周衰乃頻見之，則三古推
步，法數本密。迨疇人散失，而後浸亡耳，賅而存焉。益以
見《易》道之無窮也。」（同上）

先生「於《書》，則不分今古文同異，而剖析疑義」。

阮元：〈莊方耕先生經說序〉：「《尚書》則不分今古文文
字同異，而剖析疑義，深得夫子序《書》、孟子論世之
意。」（同上）

按：先生有《尚書既見》三卷、《書說》一卷。《尚書既見》多長篇，
《書說》則爲短篇札記。如《周書·泰誓》：「惟十有三年，當依

〈序〉作一」。曰：「夏桀未若商紂之暴，伊尹五就之而後去。桀歸
湯，伯夷、太公辟紂而歸文王久矣。文王不伐商，武王勝殷，亦不黜其
命，立武庚爲後焉。祖伊知紂不惟喪師，且不獲其死。箕子知武庚不克
享而告微子使去之，其惡之輕重尚何不可知之，有吾未聞臨之以兵而斥
其多罪，猶得曰其辭恭者。」（莊存與：《味經堂遺書》：《書說》第
五葉）

　　時山右閻若璩撰《古文尙書疏證》，證實東晉梅賾所獻《古文
·尙書》爲僞，流風所及，考據漸興，先生以爲「辨古籍眞僞，爲術
淺且近者也」。

　　　龔自珍：〈資政大夫禮部侍郎武進莊公神道碑〉曰：「大儒
　　莊君，諱存與，江南武進人也。幼誦六經，尤長於《書》，
　　奉封公教，傳山右閻公之緒學，求二帝三王之微言大指，閔
　　秦火之鬱伊，悼孔澤之不完具，悲漢學官之寡立多廢，懲晉
　　代之作僭興僞，取唐儒之不學見紿，大笑悼唐以還學者之不
　　審是非，雜金玉敗革於一衍，而不知賤貴，其罪至於褻帝
　　王，誣周、孔，而莫之或禦。蓋公自少入塾，而昭昭善別擇
　　矣。既壯，成進士，閻氏所廓清，已信於海內，江左束髮子
　　弟，皆知助閻氏；言官學臣，能議上言於朝，重寫二十八篇
　　於學官，頒賜天下，考官命題，學僮諷書，僞者毋得與。將
　　上矣，公以翰林學士，直上書房爲師傅，聞之，忽然起，逌
　　然思，鬱然歎，愯然而竊謀。方是時，國家累葉富厚，主上
　　神武，大臣皆自審愚賤，才智不及主上萬一。公自願以儒臣
　　遭世極盛，方名滿天下，終不能有所補益時務，以負麻隆之
　　期，自語曰：辨古籍眞僞，爲術淺且近者也，且天下學僮盡

明之矣，魁碩當弗復言。古籍墜湮十之八，頗藉偽書存者十之二，帝冑天孫，不能旁覽雜氏，惟賴幼習五經之簡，長以通於治天下。昔者〈大禹謨〉廢，『人心道心』之旨，『殺不辜寧失不經』之誡亡矣；〈太甲〉廢，『儉德永圖』之訓墜矣；〈仲虺之誥〉廢，『謂人莫己若』之誡亡矣；〈說命〉廢，『股肱良臣啓沃』之誼喪矣；〈旅獒〉廢，『不寶異物賤用物』之誡亡矣；〈冏命〉廢，『左右前後皆正文』之美失矣。今數言幸而存，皆聖人之眞言，言尤疴癢關後世，宜貶須史之道，以授肆業者。」（《龔自珍全集》第一四一～一四二頁，中華書局一九六一年版）

先生於「《詩》則詳於變雅，發揮大義」，有《毛詩說》四卷。

如《毛詩說》說〈小雅·白駒〉曰：「諸侯之士，不貢於王，不見徵於天子，則不可以仕於王室。天子之大夫，可以適諸侯，不可以仕於諸侯。於周不可則去之魯，未之前聞也。于焉（原注：『讀於虔反』）逍遙，其去而不仕，未可知也。于焉嘉客，其去而爲諸侯客，亦未可知也。若將往仕於諸侯之國，則無寧來仕於天子之朝矣。爾公也，爾侯也，若之何爲其陪隸臣乎？誠欲優游事外，則長守此不仕之志矣。既而遵迹以求焉，則見白駒在空谷矣，且見其生芻一束矣，不爲嘉客爲逍遙矣。賢哉此大夫其人，不見其德如玉，不見其人樂聞其音，毋更舍此而適遠焉。然後知場苗場藿何幸爲白駒食，今朝今夕，信不爲暫而爲永也。」（莊存與：《味經齋

遺書》《毛詩說》：卷二第一～二葉）

　　先生於群經中研讀最深、影響最廣大者，厥爲《春秋》。《春秋正辭》、《春秋要旨》，開清代今文經學復興之先河，尋微言於未墜，求大義之所存，誠所謂「開天下知古今之故」者也。

　　先生言「微言大義」，取法致用，撰《春秋正辭》，自稱：「存與讀趙先生汸《春秋屬辭》而善之，輒不自量，爲櫽括其條，正列其義，更名曰《正辭》，備遺亡也。以尊聖尙賢，信古而不亂，或庶幾焉」。（莊存與：《春秋正辭·敘目》）

　　按：趙汸，明初休寧人，撰有《春秋集傳》十五卷、《春秋屬辭》十五卷、《春秋左氏傳補注》十卷，以爲「《春秋》，經世之書也」（《春秋集傳·自序》，書今存，〈自序〉輯入《經義考》卷一九八）。《春秋》之所以異於群書者，在其「屬辭比事」。趙汸考列孔子「筆削之義」、「制作之原」凡八，曰：一，「存策書之大體」；二，「假筆削以行權」；三，「變文以示義」；四，「辨名實之際」；五，「謹內外之辨」；六，「特筆以正名」；七，「因日月以明類」；八，「辭從主人」。將以此「使學者由《春秋》之教，以求制作之原，制作之原既得，而後聖人經世之義可言矣。」（趙汸：《春秋屬辭自序》，書今存，《自序》輯入《經義考》卷一九八。）先生「櫽括其條，正列其義，更名曰《正辭》」。謂「《春秋》以辭成象，以象垂法，示天下後世聖心之極，觀其辭，必以聖人之心存之，史不能究，游、夏不能主，是故善說《春秋》者，止諸至聖之法而已矣。」（莊存與：《春秋正辭·春秋要指》。）又謂：「《春秋》非記事之史，不書，多於書，以所不書知所書，以所書知所不書。」「《春秋》治亂必表其微，所謂禮禁未然之前也，凡所書者有所表也，是故《春秋》無空文。」（同上）若是，所言與宋、元以降義理之學既異，與言訓詁名物之漢學亦迥然有別。

朱珪：〈春秋正辭序〉曰：「孔子云：『吾志在《春秋》，行在《孝經》。』又曰：『我欲託之空言，不如見之行事。』又曰：『其義則某竊取之矣。』又曰：『屬辭比事，《春秋》教也。』然則本志以立事考義以定辭，苟非因端覘指別嫌、明微精，求于繁殺之間，嚴辨於同異之故，率詞揆方，各得其序，守文持論，鮮有能通者焉。」

「前輩少宗伯莊方耕先生，學貫六藝，才超九能，始入翰林，即以經學受主知。群經各有論著，斐然述作，遂造其深率焉，簡札必衷於道。疇昔之歲，與余同官禁近，朝夕論思，無簡術業，挹其淵醰，如飲醇醴，窺厥原本，疑入寶藏，洵當代之儒宗，士林之師表也。公之孫雋甲，爲余丙午典試江南所得士，偕其弟貴甲來京師，持公所纂《春秋正辭》一書，問序於余。余受而讀之，義例一宗《公羊》，起應實述何氏，事亦兼資《左氏》，義或拾補《穀梁》，條例其目，屬比其詞，若網在綱，如機省括，義周旨密，博辨宏通。近日說經之文，此爲卓絕，用以詔茲來哲，庶幾得所折衷，由是抉經心，執聖權，則偏惑乖方之誚，吾知免矣。嘉慶六年龍集辛酉四月望，大興朱珪序。」（莊存與：《味經齋遺書·春秋正辭》卷首）

先生《春秋正辭·敘目》曰：「存與讀趙先生汸《春秋屬辭》而善之，輒不自量，爲欒括其條，正列其義，更名曰《正辭》，備遺忘也。以尊聖尚賢，信古而不亂，或庶幾焉。」

敘曰：

「大哉受命，釗我至聖。弗庸踐於位，皇惟饗德，乃配天地。正奉天辭第一。」

「王者承天以撫萬邦，爲生民共主。嗟嗟周德，光於文武。亦越既東，元命永固。永固在下，諸侯以僭。大夫陪隸，用貴治賤。挈諸王者，正天子辭第二。」

「嗚呼厚哉！周公光大，成文武德，勞謙不伐，萬民以服。元子在東，有典有冊。欲觀周道，舍魯奚適。聖人無我，曰父母國。正內辭第三。」

「三王之道，行義爲大。假之以爲功，乃救罪不暇。一匡天下，實惟桓公。晉文繼之，亦惟在王功。曰正曰譎，一奪一予。楚莊晉悼，彼何足數。正二伯辭第四。」

「自天地生民以來，神聖有攸，經緯於是焉。在聖所貴，貴其民循厥理，惟庶邦君，以厥臣續大命，摯摯其無殆黜，乃心毋底罪。正諸夏辭第五。」

「蕩蕩覆載，聖則無私。疇不即工，聖其念之。明明時夏，懿德所經。頑嚚聾昧，乃狄之行。嗚呼慎哉。正外辭第六。」

「若之何弗弔，天下享右。罔愛於居圄多辟，罔克究於永祀。侵戎虐我，黎服潰潰靡所止。聖乃欽底罰於有辭。以差厥罪，俾寅念於天嗣。天民越指疆土。明哉明哉！天伐章哉！正禁暴辭第七。」

「噫嘻皋女，民以生其女，曷克生，生女怙於口，實乃惟怙於天德。嗚呼！德辛喪多罪顯聞於上。過之絕之，乃殄滅之。殄靡有遺，民乃其蘇，時乃敬明於聖之志，匪憮用怒，

尚隱哉其懼。正誅亂辭第八。」

「聖秉道，垂文辭，惟義之訓，懃事之違。匪從惟從，匪述惟述，折厥衷，見天則。正傳疑辭第九。」（莊存與：《春秋正辭》卷首，以下凡引《春秋正辭》只注卷葉數）

言「大一統」、「通三統」、「張三世」，表五行災異，宗《公羊》經說。

「次三曰大一統，天無二日，民無二王，郊社宗廟，尊無二上，法非王則革，學非聖則黜。次四曰通三統，三代建正，受之於天，文質再復，制作備焉。……次九曰張三世，據哀錄隱，隆薄以恩，屈信之志，詳略之文。智不危身，義不訕上。有罪未知，其辭可訪。撥亂啓治，漸於升平。十二有象，太平以成。」（卷一《奉天辭》第一葉）

言「大一統」、「王正月」曰：「公羊子曰：何言乎王正月？大一統也。記曰：天無二日，土無二王，國無二君，家無二尊，以一治之也。……臣愚以爲諸不在六藝之科、孔子之術者，皆絕其道，勿使並進，邪辟之說滅息，然後統紀可一，而法度可明，民知所從矣。」（同上第四葉）

言「通三統」曰：「經所不言，何故傳之，不殆於誣乎？曰：烏！是何言歟？天有五行，地有五行，陳天之五，合地之五，明天道也，重皇極也。……天無不覆，地無不載，各以五配。」（《察五行詳異》同上第十二～十三葉）

「事天如事親，……天地之大者在五行，各一其性，不得相干。……所謂《春秋》之道，舉往以明來也。」（同上第十五

葉）「五行之失，如疾然，氣雖亂各有所主，不存其意，不貫其理，以此事天，何異許止之不嘗藥也。五行之變，非盡變也，非不遽復也，謂和則俱和、失則俱失，是乃誣天地也。不然，夫祖己之言亦曰：正厥事可矣。……此與人臣之義，陳善必列其宜，匡失必舉其敗，不敢爲無端崖之辭以潤其上，而藏其奸，敬之至也。今曰恐懼修省云爾，將俾盡革其政與？抑擇所振救與？抑空言無施，而百官萬事皆自若與？此固奸以事君者，所欲得以飾其惡也，欺君不祥，誣天地不祥。」（同上第十五～十六葉）

成公十六年「春王正月，雨木冰」，下引《公羊》「記異也」下云：「此人將有害，則陰氣脅木，木先寒，故得雨而冰也，是時叔孫僑如出奔公子偃誅死。」（同上第十六葉）

天災應人事
莊二十年，齊大災
僖二十年，西宮災
成三年，新宮災　　　　　　　　　　　｝均存象
襄三十年，宋災
昭九年，陳災
昭十八年，宋、衛、陳、鄭災
定二年，雉門及兩觀災
哀三年，桓宮、僖宮災
哀四年，亳社災。

（同上第十七～二十葉）下云：「《春秋》火災，屢於哀、定之間，不用聖人而縱驕臣，將以亡國，不明甚也。」（同上）

襄公二十四年，「大水」下云：「以志災，則莫恤民矣；以志戒，則莫畏天矣。」（同上第二十三葉）

僖公十六年「春王正月戊申，朔。隕石於宋五。是月，六鷁退飛過宋都」下云：「不日而月」，「石無知，故日之，鷁微有知，故月之」。「日月有義乎？曰著詳略之文也，於以正外內，於以定尊卑，於以審輕重，於以紀遠邇，於以徵敬怠，於以別同異，如之何其可廢也。然則無知何以日，微有知何以月，曰不過乎物以事天也，無知而變，變出於天，有知而變，變出於地，或日或不日，尊卑之辭也。」（同上第三十一葉）

謂「《春秋》之義，務全至尊而立人紀」，「君父憂勤，臣子安樂」。「為國者慎無棄先王之經」。

桓公五年「秋，蔡人、衛人、陳人從王伐鄭」下云：「《春秋》之義，務全至尊而立人紀焉。月之繫王，傷三王之道壞也。諸侯不知有天子，此可忍言孰不可忍言，以天下言之曰：天王，王承天也。」（卷二「王伐」第四～五葉）

「君父憂勤，臣子安樂，其永言哉！諸侯子孫，若於所不知者王焉。」（卷三《內辭》第十三葉）

「為國者慎毋棄先王之經，俾為盜者藉手口哉！」（卷五第三葉）

書中亦有譏刺《左氏》之語，以為應「讀乎《春秋》」。

「公羊家有所受之，彼徒據左邱經，將以何明之？經鮮不

亂，傳且失之誣矣。」（卷五《內辭》第七葉）

文公十年「臧孫辰卒」下云：「卒，何以日？辰，魯之崇也。得無貶乎？義不得無貶，而辭無貶也。……臧孫辰，聞人也，以其言爲魯大夫師，自知弗若季，則護其故以蔽之，俾不通然後已。以王者之法正之，蒙顯戮者，辰其首也，辭烏得無貶乎？曰：義在指矣，曷不學乎《春秋》，莊公季年迄於茲，辰也日在卿位，告糴之外無見焉，魯人皆崇之矣，聖人皆削之矣。季友卒，僖政衰，仲遂恣，宣懿伏，魯無人焉。孰知辰之至是始卒也。享卿祿者又五十年矣，不爲不久矣。噫！後之君子，欽念之哉！以臧孫辰之爲良大夫，當世謂之不朽，而閔、僖、文之《春秋》削之，無一事已錄者，則知蔽賢之罪大，而小善不足以自贖也。甚絕之也，義在指矣，曷不讀乎《春秋》。」（卷五《內辭》下第八～九葉）

言「三世」，談「貴踐」，論「貴近略遠」；謂「爲人君父而不通於《春秋》之義者，必蒙首惡之名」。

隱公七年「滕侯卒」下曰：「滕，微國也，所聞之世始書卒，所見之世乃書葬。曷爲於所傳聞之世稱侯而書卒，以其子來朝，恩錄其父，王者所不解也。」（卷七《諸夏辭》第二十三葉）

「苟非其人，天無二日，民無二王，不免於簒弒之誅，死罪之名，如其人，如其人。堯、舜揖讓，湯、武征誅，順天者存，逆天者亡矣。曷爲貴賤不嫌，貴者無常貴，賤者無常賤，昭明德，廢幽昏，決然而不可疑也，疑則萬不可以少嘗

之矣。滕侯、薛侯，《春秋》當新王也。滕子、薛伯、親周也。」（同上）

隱公八年「蔡侯考父卒」下云：「《春秋》錄大略小、錄近略遠，其書之名有指矣，以考其行，以稽其失，以痛其禍，以治其亂，恒於大國詳之。」「諸侯之事，父子君臣之大倫要在於《春秋》，故曰禮義之大宗也。」（《諸夏辭》卷七第二十三～二十四葉）

桓公十一年「夏五月癸未，鄭伯寤生卒。秋七月，葬鄭莊公」下曰：「寤生之罪，不可不誅，浮於衛朔矣，則何以書葬？曰：朔之罪已見，寤生之罪未見，以不可書辟之也。曰《春秋》詳亂賊，義有所辟，必有辭以誅之。」（同上卷七第二十五葉）

文公五年「秦人入鄀」下云：「鄀者何？微國也，自我言之，遠國也。」所以書，因「秦人好兵」而志之。「《春秋》之法，苦民尚惡之，況傷民乎？傷民尚痛之，況殺民乎？民者，《春秋》之所甚愛也；兵者，《春秋》之所甚痛也。」（卷八《外辭》第十三葉）「滑也，鄀也，非秦所以通道於東諸侯者乎？苟有桓、文之君，則知所以示權於中國矣，而況王者兼國二十，開地千里，皆於是乎見之，而猶未止也，遠矣哉！」（卷八《外辭》第十三～十四葉）

宣公十年「楚人殺陳夏徵舒」，以為「討之正」。曰：「此楚子也，其稱人何？討賊之辭也。中國有亂獄，天子不能

誅，諸侯不能正，而楚人能之，故予之也。」（卷十《誅亂辭》卷十第十一葉）

定公十四年秋「衛世子蒯瞶出奔宋」下曰：「輒能之矣，蒯瞶何俟於赦，不幸熒惑者眾，以利害劫輒，邪説又作，卒於終不可諭，而吾夫子始去衛矣。」（同上第二十七～二十八葉）

先生治學不拘漢、宋，發揮「微言」，重「取法致用」，貴經世，於漢學、宋學有資經世者曾予采綴，於漢學、宋學無助經世者則加廢棄。探究漢學、宋學之精義，一以經世爲指歸。基於經世，特重經書之大義。溯自漢武帝「定儒術於一尊」以降，士大夫浸漬經義，推衍經術，圍繞經書轉，非聖人之言不敢言，依托儒經，闡發議論，時有所見。先生則於乾隆「盛世」，「獨得先聖微言大義於語言文字之外」，致有「開天下知古今之故」之譽。

言「微言大義」，必崇奉今文，今文經學固以「微言大義」見稱者也。今文盛於西漢，東漢以降漸趨湮沒。先生揭櫫提倡，清代「復興」今文經學之創始人也。

先生以《春秋》爲「五經之管鑰」，《春秋》義例存乎《公羊》，其所以尊奉《春秋》、獨崇《公羊》者，閲其書，可知其原：

一曰：「《春秋》經世之書」，「禮義之大宗」，「法可窮」，《春秋》之道則不窮（莊存與：《春秋正辭》卷一。《誅亂辭》第八）。又「舉往以明來，傳之萬世而不亂」云（莊存與：《春秋要指》）。

先生以爲《春秋》，孔子筆削。孔子返魯而作《春秋》，「不

得已」也，中有「微言」存焉。《春秋》非「紀事之史」，而「約文以示義」（同上）。所書均有「所表」，存有「書法」。如上揭文公五年記「秦人入鄀」，《春秋》本「錄大略小，錄近略遠」，今載此「微國」，「遠國」者，因「秦人之好兵」，故記專條。曰：「《春秋》之法，苦民尚惡之，況傷民乎？傷民尚痛之，況殺民乎？民者，《春秋》之所甚愛也；兵者，《春秋》之所甚痛也」。「秦人好用兵，而先見其端於天下，於入鄀然後見之也」（見前）。又如文公十年記：「春王三月辛卯，臧孫辰卒」，先生以爲誌以「辛卯」日期者，臧孫辰爲魯國所崇敬，故「書之，誌以『日』」，是否『貶』？曰：「義不得無貶而辭無貶」，因臧孫辰「自知弗如」柳下惠，而「蔽之俾不通然後已」，此爲「蔽賢」，故「辭無貶」，而「義在指矣」（莊存與：《春秋正辭》卷五）。《春秋》「書法謹嚴」，義有所指，「舉往明來」，經世所資。故爲人臣者必知《春秋》，爲大臣者必尊《春秋》之義。

二曰，《春秋》大義，存乎《公羊》，中有「通三統」、「張三世」諸例，辨名分，定尊卑，明外內，舉輕重，欲明《春秋》，必深研《公羊》義例。

儒家言必稱三代，以堯、舜、禹、湯、文、武爲「至治盛世」。平王東遷，王室衰微，浸爲「亂世」。今文學者以爲夏、商、周三代各有其統，夏爲黑統（人統），商爲白統（地統），周爲赤統（天統）。夏、商、周三代制度各有因革損益，非一成不變也。先生之甥劉逢祿推衍其旨，曰：《春秋》「立百王之制，通三統之義，損周之文，益夏之忠，變周之文，從殷之質」，於是「百世以俟聖人而不惑」（劉逢祿：〈論語述何篇〉，見《劉禮部集》卷二）。清代

去古雖遠，而「繼體守文」，能「深明《春秋》之法以制馭其政」，則「三代之治未嘗不可復，其亂未嘗不可弭」（劉逢祿：〈十七諸侯終始表序〉，見《劉禮部集》卷四）。援《春秋》之微言，據當今之實際，「後王有作」云。

《春秋》之時，浸爲「亂世」，諸侯征伐，周天子名存實亡，孔子作《春秋》「於所見（昭、定、哀）微其辭，於所聞（文、宣、成、襄）痛其禍，於所傳聞（隱、桓、莊、閔、僖）殺其恩」，「異其書法，寓有褒貶」。且「於所傳聞世見撥亂始治，於所聞世見治，廩廩進升平，於所見世見治太平」，「由是辨內外之治，明王化之漸，施詳略之文，魯愈微而《春秋》之化益廣，世逾亂而《春秋》之文益治」（劉逢祿：〈釋三科例〉上〈張三世〉，《劉禮部集》卷四）。然則「春秋起衰亂以近升平，由升平以極太平」（同上）。如是由「亂世」而「升平」，由「升平」而「太平」之「三世」說，亦以社會歷史爲進化也。雖然，欲進化，則應明乎《春秋》。先生發其端，劉逢祿闡其旨，舉世高談三代，「世愈遠而治愈甚」，以致淪入退化論泥潭之時，獨能比迹「三統」，推衍「三世」，力主「撥亂」，倡言「經世」，自屬不易。

三曰，董仲舒揮發《春秋》「大一統」學說，儒家爲之「獨尊」。當今「盛世」，尤應「一統」，不能拘泥章句，而應「遠法」《春秋》。

「三統」、「三世」，時代不同，應隨時因革；亦惟有因革損益，始能想望「太平」。懸一理想之目標，作爲「太平」之倒影，時逾久則治逾甚，「大一統」，始能「六合同風，九州共貫」。先生以爲「天無二日，世無二王，國無二君，家無二尊，以一治之」

（《春秋正辭》卷一《奉天辭》），必尊親事君，「全至尊而立人紀」（同上卷二《天子辭》）。《春秋》即以「天子之事」，「辨名正分」，正外內，定尊卑，審輕重，紀近邇，征敬怠，別同異者。為人臣子，即應忠君，應「陳善必列其宜，匡失必舉其敗」，不能以「無端崖之辭以溷其上，而藏其奸」，不能「固奸以事君」，「以飾其惡」，欺君「不詳」也（同上卷一《奉天辭》）。若是，「大一統」之核心為尊君，為拱奉中央王室。

春秋時，王室已微，孔子表彰者，齊桓、晉文「尊王攘夷」，「一匡周室」也。孔子筆削《春秋》，留有「書法」。如莊公二年五月記「春，陳侯使女叔來聘」，即書之以「錄齊桓之功」，「齊桓主中國，則陳不知有楚患，國家安寧」；桓公既薨，陳遂「日役乎楚」（同上卷四〈內辭〉第三〈來聘〉）。齊桓「存三亡國，而天下咸諭乎桓公之志，再為義王，克盡臣節，修禮諸侯，官受方物，魯人至今以為美談」（同上卷六〈二伯辭〉第四）。蓋桓公「糾合諸侯，一匡天下」，尊奉周王朝，「歸命周天子」，以成「大一統」也。

由是觀之，清代今文經學復興者之所以力言《公羊》，因其存有《春秋》大義，其「微言」復重在「大一統」。先生之復興今文，亦緣維護「大一統」而援《春秋》為依附，發揮《春秋》「微言」以維護「大一統」也。

「乾、嘉盛世」，危機隱伏，腐朽衰敗迹象已呈，乾隆亦力主「大一統」，此均與今文經學之復興有關，閱本書卷一所引《清高宗純皇帝實錄》可知。

卷三 流風

乾隆五十五年庚戌（一七九〇年） 卒後二年

　　甥劉逢祿「治《公羊春秋》條例之學，從舅莊述祖「爲言夏時之等」。日後「擇其大要，爲箋一卷」。

> 劉逢祿：〈夏時等列説〉：「余年十有五，治《公羊春秋》條例之學，舅氏莊珍藝先生爲言夏時之等，文約而旨無窮，與《春秋》相表裏，出所著《説義》初本讀之，觀其論制禮作樂之原，三統內外之辨，治曆明等之道，庶虞計月之徵，效禘視學之典，王宮民居之制，務農重桑之事，土宜土均之法，憂旱備潦之誼，嫁子取婦之節，養老送死之要，王馬國馬之則，蒐苗獮狩之令，偃武措荊之德，尊卑上下之別，改火救疾之政，淳化昆蟲之則，善善惡惡之旨，扶陽抑陰之義，慎始敬終之戒，富矣哉！洵太平之正經也。由是以知《春秋》改周之正，行夏之時，百世莫之能違者。夫子以告顏子，溫城董君亦云損文用忠，變文從質，三王之道，若循環也。莊氏所著，考釋注補音義等書，多至數十萬言，慮學者不能盡讀，嘉慶三年，冬日多暇，攝其大要，爲箋一卷，用申引而不發之旨，成學治古文者童而習之，條理五經，庶幾得隱括就繩墨焉。」（劉逢祿：《劉禮部集》卷二第十六葉）。

「莊珍藝」，即莊述祖，有《夏小正考》行世，見前。

乾隆五十六年辛亥（一七九一年）　卒後三年

是年，劉寶楠生。

乾隆五十七年壬子（一七九二年）　卒後四年

七月初五日，龔自珍生於杭州。

乾隆五十九年甲寅（一七九四年）　卒後六年

三月二十四日，邵陽魏源生。

> 魏耆：《邵陽魏府君事略》：「府君諱源，字默深，先世江西太和縣人，於明初遷湖南邵陽之金潭，……生於乾隆五十九年甲寅三月二十四日辰時。」

九月，石經館司事大臣等奏請據考校各經頒行天下，乾隆諭：「聖賢垂教之義，原不在章句之末」。「不必以一二字之增損、偏旁之同異爲去取也」。

> 乾隆諭：「昨九月間，石經館司事大臣等奏：『士子所讀經書，多係坊本，即考證之家，亦止憑前明監本。然監本中魚豕之舛僞，字句之衍誤，不一而足。……近因刊刻石經，出內府所棄天祿琳瑯宋版各經，古今流傳舊本，莫不薈萃，蒙命臣等詳悉校對，與武英殿官刻諸書參稽考證，逐條摘出，釐訂成編，……請頒示天下……請於乙卯科鄉試爲始。俟三科後考試四書、五經題文，俱照頒發各條，謹請改

正……。』『（朕）抽閱數條，不過字與書體間有異同，于聖賢經義初無出入。……若限於三科，遽定通行遵改，似屬強以所難。……或應試者因一二字句舛誤被斥，或考官等偶不及檢，遂干處分，似此繁列科條，轉非朕嘉惠士林、稽古右文之意，聖賢垂教之義，原不在章句之末，即流傳古本，儒先各守經師家法，未必無習誤承譌，士子等操觚講藝，惟期闡發經旨，亦不必以一二字之增損、偏旁之同異爲去取也。』另著該總裁等詳繹此旨，折衷妥議具奏。」（《清高宗純皇帝實錄》卷一四四三第二～三葉）

同日，御制石刻蔣衡書十三經於辟雍，序曰：……「經者，常也，常故不變，道則恒存。天不變，道亦不變，仲舒之言，實已涉其藩矣。……或以爲『不觀清疏，何以解經？』予則以爲以清疏解經，不若以經解經之爲愈也。學者潛心會理，因文見道，以六經參互之，必有心探其源而晰其奧者，是在勤與明而已。」（同上卷一四六三第四～五葉）

嘉慶元年丙辰（一七九六年）　卒後八年

劉逢祿撰《穀梁廢疾申何》，申何休而難鄭玄。

劉逢祿：〈穀梁廢疾申何敘〉曰：「穀梁氏之世系微矣。漢孝武時，瑕邱江公受之魯申公，上使與董仲舒議，卒用董絀江。孝宣以衛太子好《穀梁》，愍其學且廢，乃立學官博士。東漢之世，傳者絕少。竊嘗以爲《春秋》微言大義，《魯論》諸子皆得聞之，而子游、子思、孟子著其綱，其不

可顯言者，屬子夏口授之，公羊氏五傳始著竹帛者也。然向微溫城董君、齊胡母生及任城何劭公三君子同道相繼，則《禮運》、《中庸》、《孟子》所述聖人之志、王者之迹，或幾乎息矣。穀梁子不傳建五始、通三統、張三世、異內外諸大旨，蓋其始即夫子所云：中人以上，不可語上者。而其日月之例、災變之說、進退予奪之法，多有出入，固無足怪；玩經文、存典禮，足爲公羊氏拾遺補闕，十不得二三焉。其辭同而不推其類焉者，又何足算也；兼之經本錯迕，俗師附益，起應失恉，條例乖舛，信如何氏所名《廢疾》，有不可強起者。余采擇美善，作《春秋通義》及《解詁箋釋》，因申何氏《廢疾》之說，難鄭君之所起，覃思五日，綴成二卷，藩蘺未決，區畫不言，非敢黨同，徼明法守，世有達士，霍然起之，亦有樂焉。」（《劉禮部集》卷三第二四～二五葉；《申穀梁廢疾》，見《皇清經解》卷一二九二）

嘉慶二年丁巳（一七九七年） 卒後九年

十月，莊述祖自濟南乞養歸，告劉逢祿群經家法，逢祿自稱「始知兩漢古文今文流別」。

劉逢祿：〈跋杜禮部所藏漢石經後〉，曰：「後從舅氏莊先生治經，始知兩漢古文今文流別。」（《劉禮部集》卷九第二十葉）

劉逢祿：〈尚書今古文集解自序〉：「嘉慶初，先生歸自濟南，余始從問《尚書》今文古文家法及二十八篇敘義，析疑

賞奇，每發神解。」（《尚書今古文集解》，見《皇清經解續編》卷三二二～卷三五二）

劉承寬：〈先府君行述〉：「從舅莊先生述祖自濟南乞養歸，與語群經家法，大稱善。時莊先生有意治《公羊》，遂輟業。府君復從受『夏時』等例及六書古籀之學，盡得其傳，學益進。莊先生嘗曰：『吾諸甥中，若劉甥可師，若宋甥可友也。』」（《劉禮部集》卷十一附第一葉）。「宋甥」，宋翔鳳。

嘉慶四年己未（一七九九年）　卒後十一年

宋翔鳳隨母歸省，命翔鳳留常，莊述祖教以稽古之道，得聞家法。述祖嘗曰：「吾諸甥中，劉申受可以爲師，宋虞廷可以爲友」。

宋翔鳳：〈莊先生述祖行狀〉：先生「嘗云：吾諸甥中，劉申受可以爲師，宋虞廷可以爲友。翔鳳先母爲先生女弟，己未歲歸寧，命翔鳳留常州。先生教以讀書稽古之道，家法緒論，得聞其略。」（錢儀吉：《碑傳集》卷一〇九）

嘉慶十年乙丑（一八〇五年）　卒後十七年

六月，劉逢祿撰成《春秋公羊釋例》十卷三十篇。

劉逢祿：〈春秋公羊釋例序〉曰：「敘曰：昔孔子有言：『吾志在《春秋》』。又曰：『知我者，其唯《春秋》乎！罪我者，其唯《春秋》乎！』蓋孟子所謂行天下之事，繼王

者之迹也。傳《春秋》者，言人人殊，唯公羊氏五傳，當漢景時，乃與弟子胡母子都等記于竹帛，是時大儒董生下帷三年，講明而達其用，而學大興，故其對武帝曰：非六藝之科，孔子之術皆絕之，弗使復進。漢之吏治經術，彬彬乎近古者，董生治《春秋》倡之也。胡母生雖著《條例》，而弟子遂（述）者絕少，故其名不及董生，而其書之顯亦不及《繁露》。綿延迄于東漢之季，鄭眾、賈逵之徒，曲學阿世，扇國師（《皇清經解》本作「仲疊」）之毒焰，敇圖讖之妖氣，幾使義辔重昏，昆侖絕紐，賴有任城何劭公氏修學卓識，審決白黑而定，尋董、胡之緒，補莊、顏之缺，斷陳（元）、范（升）之訟，鍼明、赤之疾，研精覃思，十有七年，密若禽、墨之守禦，義勝桓、文之節制，五經之師，罕能及之。天不祐漢，晉戎亂德，儒風不振，異學爭鳴，杜預、范寧吹死灰，期復然，漑朽壤使樹藝，時無戴宏莫與辨惑。唐統中外，並立學官，自時厥後，陸淳、啖助之流，或以棄置師說，解絃更張❶。閒無知之妄，或以和合傳義，斷根取節，生歧出之途，支窒錯迕，于喙一沸，而聖人之微言大義蓋盡晦矣。清之有天下百年，開獻書之路，招文學之士，以表章六經爲首，于是人恥卿璧虛造，競守漢師家法，若元和惠棟氏，武進張惠言氏之於《易》、歙程易疇氏之於《禮》❷，其善學者也。祿束髮受經，善董生、何氏之書，

---

❶　《皇清經解》本作：「或以棄置師法，燕說郢書」。

❷　《皇清經解》本作「若元和惠棟氏之於《易》，歙金榜氏於《禮》」。

若合符節，則嘗以爲學者莫不求知聖人，聖人之道，備乎五經，而《春秋》者，五經之筦鑰也。先秦師儒略皆亡闕，唯《詩》毛氏、《禮》鄭氏、《易》虞氏有義例可說，而撥亂反正，莫近《春秋》，董、何之言，受命如嚮，然則求觀聖人之志，七十子之所傳，舍是奚適焉？故尋其條貫，正其統紀，爲《釋例》三十篇，又析其凝滯，強其守衛，爲《答難》二卷❸，又博徵諸史刑禮之不中者，爲《禮議決獄》二卷，又推原左氏、穀梁氏之失，爲申何、難鄭二卷，用冀持世之志，猶有折衷。若乃經宜權變，損益制作，則聰明聖知，達天德之事，概乎其未之聞也已。」（《劉禮部集》卷三第二十二～二十三葉；收入《皇清經解》卷一二八〇，文字略有異，《皇清經解》本下署「嘉慶十年六月，蘭陵劉逢祿譔于東魯講舍」）

嘉慶十四年己巳（一八〇九年）　　卒後二十一年

劉逢祿撰《春秋公羊解詁箋》，以爲何休《春秋公羊解詁》「廓開眾說，整齊傳義，傳經之功，時罕其正」，「因析其條例，以申何氏之未著及他說之可兼者」。

劉逢祿：〈春秋公羊解詁箋序〉曰：「余嘗以爲經之可以條例求者，惟《禮·喪服》及《春秋》而已；經之有師傳者，惟《禮·喪服》有子夏氏、《春秋》有公羊氏而已。漢人治經，首辨家法，然《易》施、孟、梁邱，《書》歐陽、大小

---

❸　《皇清經解》本作「爲《箋》一卷、《答難》一卷」。

夏侯，《詩》齊、魯、韓師說，今皆散佚，十七二三。世之言經者，於先漢則古《詩》毛氏、於後漢則今《易》虞氏，文辭稍爲完具；然毛公詳訓詁而略微言，虞翻精象變而罕大義，求其知類通達，微顯闡幽，則公羊氏在先漢有董仲舒氏、後漢有何劭公氏，子夏傳有鄭康成氏而已。先漢之學，務乎大體，故董生所傳，非章句訓詁之學也。後漢條理精密，要以何劭公、鄭康成二氏爲宗。喪服之於五禮，一端而已；《春秋》始元終麟，天道浹，人事備，以之網羅眾經，若數一二辨白黑也。故董生下帷講誦三年，何君閉戶十有七年，自來治經孰有如二君之專且久哉！余自童子時癖嗜二君之書，若出天性，以爲一話一言，非精微眇、通倫類，未易窺其蘊奧。何君生古文盛行之日，廓開眾說，整齊傳義，傳經之功，時罕其正，余寶持篤信，謂晉、唐以來之非何氏者，皆不得其門，不升其堂者也。康成兼治三傳，故於經不精，今所存《發墨守》，可指說者惟一條，然多牽引左氏，其於董生、胡母生之書，研之未深，概可想見。而何君稱爲入室操矛，宏獎之風，斯異於專己黨同者哉！余初爲何氏《釋例》，專明『墨守』之學，今更析其條例，以申何氏之未箸及他說之可兼者，非敢云彌縫匡救，營衛益謹，庶幾於公羊繩墨少所出入云爾。康成〈六藝論〉曰：「『注《詩》宗毛爲主，毛義若隱略，則更表明；如有不同，即下己意，

使可識別。』余匡弼何氏，竊取斯旨，以俟好古求是君子董
理焉。」❹（《劉禮部集》卷三第二十八～二十九葉）此書收入《皇清
經解》卷一二九〇，末後有「嘉慶十四年，武進劉逢祿譔」。

是年，陳喬樅生。陳立生。

嘉慶十五年庚午（一八一〇年）　卒後二十二年

邵懿辰生。懿辰晚年專攻《禮》，有《禮經通議》，重今文，
薄古文。

> 按：邵懿辰，字位西，浙江仁和（今杭州市）人。道光十一年（一八三
> 一年）舉人，考取內閣中書，二十八歲（一八四九年），由軍機處奏
> 保，以員外郎升用，分刑部。咸豐三年（一八五三年），命發往東河，
> 旋以「坐濟寧防河無效罷歸」。歸後家居。史稱其「博覽群籍，研究義
> 理，每謂漢、宋諸儒學問不可偏廢，尤諳練國朝掌故，洞悉源流」
> （《清史列傳》卷六五《邵懿辰傳》）。

> 邵懿辰初以程、朱爲「正宗」，見《儀宋堂記》（《邵位西遺
> 文》第一八～二〇葉）。對古文經學則不苟同。維時社會動蕩，
> 「禮教破壞」，撰《禮經通議》，欲使《禮》「復」於西
> 漢。按《禮》今文存《儀禮》十七篇，漢時由高堂生授蕭
> 奮，奮授孟卿，卿授后蒼。后蒼撰《曲臺后蒼》九篇，見
> 《漢書·藝文志》蒼授梁人戴德，德從兄子聖及沛人慶普，

---

❹　《皇清經解》本作：「余遵奉何氏，竊取斯旨，以俟後之能墨守者董理
焉」。

於是《儀禮》分為大戴、小戴、慶氏三家。〈漢志〉謂三家
均立於學官。（另據《後漢書·儒林傳》，今文十四博士不數慶氏而數
《易》京氏，是慶氏之是否立於學官，亦成疑問。）西漢末，劉歆
〈讓太常博士書〉謂：「魯恭王壞孔子宅，欲以為宮，而得
古文壞壁之中」，其中有《逸禮》三十九篇。邵懿辰則反
是，以為《儀禮》十七篇已包括一切禮儀，《儀禮》「十七
篇本無闕佚，是全經，應稱為《禮經》」。至於《儀禮》編
次應據大戴本，《逸禮》三十九篇之說不可信。此為《禮經
通論》之主要論旨。

《禮經通論》另一主要論旨為「樂」本無經，「然六經之道
同歸，而禮樂之用為急。《易》、《春秋》，意之也；
《詩》、《書》，口之也；《禮》、樂，身之也。樂本無
經，寓乎《詩》與《禮》之中，其體在《詩》，其用在
《禮》，名六藝，實止五經」。（邵懿辰：《論孔子定禮樂》，見
《禮經通論》第五葉，宣統辛亥上海國學扶輪社鉛字排印本。）「樂本
無經」，亦示對古文經學派「樂」亡於秦火說之批判云。

嘉慶十六年辛未（一八一一年） 卒後二十三年

阮元晤見劉逢祿、宋翔鳳，深感莊先生之「流澤長」。

阮元：〈莊方耕宗伯經說序〉辛午，公之外孫劉逢祿應春官
試，館于邸寓，公之從外孫宋翔鳳亦時來講學，蓋歎公之流
澤長也。（莊存與《味經齋遺書》卷首）

嘉慶十七年壬申（一八一二年）　卒後二十四年

劉逢祿撰《左氏春秋考證》一卷、《後證》一卷、《箴膏肓評》一卷。

劉逢祿〈申左氏膏肓序〉曰：「《隋‧經籍志》有何氏《春秋左氏膏肓》十卷，又有服虔《膏肓釋痾》十卷。今鄭氏所箴尚存百分之一二，而服氏之書亡，無由盡見何劭公申李育之意，甚可惜也。然何君於《左氏》未能深箸其原，於劉歆等之附會，本在議而勿辨之科，則以東漢之季，古文盛行，《左氏》雖未立學官，而並列于經傳久矣❺。左氏以良史之材，博聞多識，本未嘗求附於《春秋》之義，後人增設條例，推衍事蹟，強以爲傳《春秋》，冀以奪《公羊》博士之師法，名爲尊之，實則誣之，左氏不任咎也。觀其文章贍逸，史筆森嚴，才如遷固，有所不逮，則以所據者多春秋國史及名卿大夫之文，固非後人所能附會，故審其離合，辨其眞僞，其眞者事雖不合于經，蓋可以見經之義例，如宋之盟楚，實以衷甲先晉，而《春秋》不予楚是也；其僞者文雖似比於經，斷不足以亂經之義例，如展無駭卒而賜氏、單伯爲王朝卿、子叔姬爲齊候舍之母，鄆世子巫爲魯屬是也。事固有離之則雙美，合之則兩傷者。余欲以《春秋》歸之《春秋》，《左氏》歸之《左氏》，而刪其書法凡例及論斷之謬

---

❺　《皇清經解》本作「而嚴、顏高才生俱舍所舉而從之久矣」。

於大義、孤章斷句之依附經文者，冀以存《左氏》之本真。
幸《國語》、太史公書時有以導余先路，而深惜范辯卿
（升）、李元春（育）、何劭公諸老先生之書多佚，無能爲
《左氏》功臣者。今援群書引何、鄭之論三十餘篇評之，更
推其未及者證之，以質後之知言君子」（《劉禮部集》卷三第二
十六～二十七葉）。**按**：《皇清經解》卷一二九六有劉氏《箴膏肓評》，
末後載敘與此同，惟在「以質後之知言君子」起有增刪，作「以質後之君
子未知其有合焉否也。嘉慶十七年十一月日，武進劉逢祿篹」。

冬，劉逢祿撰《論語述何》二卷。

劉逢祿：《論語述何》卷首曰：「後漢《儒林傳》言，向劭
公精研六經，世儒莫及，作《春秋公羊解詁》，覃思不窺門
十有七年，又注訓《孝經》、《論語》❻，皆經緯典謨，不
與守文同說，梁阮孝緒《七錄》、隋〈經籍志〉不載其目❼，
則亡佚久矣。惟虞世南《北堂書鈔》有何休《論語》『女爲
君子儒』一條❽，大類董生正誼明道之旨，史稱董生造次必
於儒者，又稱何君進退必以禮，二君者游於聖門，游、夏之
徒也。《論語》總六經之大義，闡《春秋》之微言，固非安
國、康成治古文者所能盡；何君既不爲守文之學，其本依於
《齊》、《魯》，《古論》、張侯所定，又不可知，若使其

---

❻ 《皇清經解》本作「又注訓《孝經》、《春秋》、風角七分」。
❼ 《皇清經解》本作「隋〈經籍志〉不載《孝經》、《論語》之目」。
❽ 『女爲君子孺』，《皇清經解》本無。

書尚存，張於六藝，豈少也哉！今追述何氏《解詁》之義，參以董子之說，捨遺補闕，冀以存其大凡。孔、鄭諸家所著，匼蓋不言。其不敢苟同者，如魯僭禘、妾母不稱夫人，當亦引而不發之旨。九京可作，其不以入室操矛爲誚讓乎？」（《劉禮部集》卷二第二十四葉）。**按**：《皇清經解》第一二九七～一二九八有《論語述何》，末後有此文，首加「敘曰」，末後署：「嘉慶十有七年多至日，蘭陵劉逢祿撰」。

嘉慶十九年甲戌（一八一四年） 卒後二十六年

魏源從劉逢祿學《公羊》。

魏耆：〈邵陽魏府君事略〉：「嘉慶癸酉二十歲，舉明經。明年，侍春照公起復入都，遂留從胡墨莊先生問漢儒家法。周石芳侍郎系英，偶見府君詩篇敦雅，四出揄揚，數日名滿京師，中朝公卿爭納交焉。是時，問宋儒之學於姚敬塘先生學塨，學《公羊》於劉申受先生逢祿，古文辭則與董小槎太史桂敷、龔定菴禮部自珍諸公切磋焉」。（見《魏源集》第八四八頁，中華書局一九八三年版）

嘉慶二十一年丙子（一八一六） 卒後二十八

莊述祖卒於家。

宋翔鳳：〈莊先生述祖行狀〉：「先生生於乾隆十五年十二月十三日午時，卒於嘉慶二十一年六月二十六日午時，年六十有七。」

又：莊述祖撰著甚多，見本書卷一。

嘉慶二十三年戊寅（一八一八年）　卒後三十年

莊綏甲館龔自珍家，爲自珍「言其祖（莊存與）事行之美」。越己卯、壬午，自珍撰〈資政大夫禮部侍郎武進莊公神道碑銘〉。

> 龔自珍：〈資政大夫禮部侍郎武進莊公神道碑銘〉「自記」：「嘉慶戊寅，莊君綏甲館余家，一夕，爲予言其祖事行之美，且曰碑文未具。是夕，綏甲夢見公者再，若有所託狀。明日，綏甲以爲請。越己卯之京師，識公之外孫宋翔鳳，翔鳳則爲予推測公志如此。越壬午歲不盡三日，始屏棄人事，總群言而刪舉此大者以報。自記。」（《龔自珍全集》第一四三頁）

嘉慶二十四年己卯（一八一九年）　卒後三十一年

龔自珍入京應試不售，從劉逢祿學《公羊》。賦詩「昨日相逢劉禮部，高言大句快無加，從君燒盡蟲魚學，甘作東京賣餅家。」（《雜詩，己亥自春徂夏，在京師作，得十有四首》，見《龔自珍全集》第四四一頁，一九六一年中華書局版）撰〈資政大夫禮部侍郎武進莊公神道碑銘〉（見本書卷四附錄）；丁亥，以爲「東南絕學在毘陵」，賦《常州高材篇》。

> 吳昌綬《定盦先生年譜》本在〈資政大夫禮部侍郎武進莊公神道碑銘〉篇後自記稍加改竄云：「戊戌歲，莊卿珊館定公家，爲言其祖莊公存與事行之美，且曰碑文未具。己卯，定

公至京師，識莊公外孫宋于庭，復爲推測公志。至歲不盡三日，始屛人事，總其群言而刪舉其大者，撰〈莊公神道碑銘〉。（見《龔自珍全集》第一四三頁注四）宋于庭，宋翔鳳，龔自珍詩屢言之，如「玉立長身宋廣文，長洲重到忽思君。遙憐屈、賈英靈地，樸學奇才張一軍」（《龔自珍全集》第五二二頁）「遊山五岳東道主，擁書百城南面王，萬人叢中一握手，使我衣袖三年香。」（〈投宋于庭〉，同上第四六二頁）又龔自珍〈已亥雜詩〉：「端門受命有雲礽，一脈微言我敬承；宿草高祧劉禮部，東南絕學在毘陵」。（同上第五一四頁）

龔自珍：〈常州高材篇，送丁若士（履恒）〉云：「丁君行矣龔子忽有感，聽我擲筆歌常州。天下名士有部落，東南無與常同儔。我生乾隆五十七，晚矣不及瞻前修。外公門下賓客盛，始見臧（在東）、顧（子述）來袞袞。奇才我識惲伯子，絕學我識孫季逑，最後乃識掌故趙（味辛），獻以十詩趙畢酬。三君折節遇我厚，我益喜逐常人游。乾、嘉耆行能悉數，數其派別徵其尤：《易》家人人本虞氏，繇緯戶戶知何休；聲音文字各窅奧，大抵鐘鼎工冥搜；學徒不屑談賈、孔，文體不甚宗韓、歐，人人妙擅小樂府，爾雅哀怨聲能道。近今算學乃大盛，泰西客到攻如讎。常人倘欲問常故，異時就我求諮諏。勿數者耋數平輩，蔓及洪（孟慈）管（孝逸）莊（卿山）張（翰風）周（伯恬）；其餘鼎鼎八九子，奇人一董（方正）先即邱。所恨不識李夫子（申耆），南望夜夜穿雙眸，曾因陸子（祁生）屢通訊，神交何異雙綢繆。識丁君乃二十載，下上角逐忘春秋。丁君行矣龔子忽有感，一官投老誰能留？珠聯璧含有時有，一散人海如梟鷗。噫！才人學人一

散人海如鳧鷗，明日獨訪城中劉（申受丈）。（《龔自珍全集》第四九四～四九五頁）

魏源中順天副榜，始留心時務。

凌曙撰《公羊禮疏序》，以爲《春秋》之義存于《公羊》，而《公羊》之學傳自董仲舒，乃搜集舊說，吸取清儒研究成果而成此書。

嘉慶二十五年庚辰（一八二〇年）　卒後三十二年

秋七月，嘉慶「升遐」，劉逢祿「居署數旬」，成《庚辰大禮記注長編》十二卷，自始事以至奉安山陵，典章備具，體例謹嚴，其後承修官禮，遂全用其稿」。

劉逢祿：〈庚辰大禮記注長編恭跋〉：「庚辰秋七月，仁宗睿皇帝木蘭熱河賓天，問至京師，禮部堂官奔赴熱河者二人，司官奔赴者滿二人、漢一人，留署職大喪檔案者漢一人，則禮部主事臣劉逢祿實忝任之。」（《劉禮部集》卷九第十九葉）

劉承寬：〈先府君行述〉：「嘉慶二十五年，睿皇帝升遐，府君居署數旬，晝夜討論，口諮手錄，因成〈庚辰大禮記注長編〉十二卷，自始事以至奉安山陵，典章備具，體例謹嚴，其後承修官書，遂全用其藁。」（《劉禮部集》卷十一附第二～三葉）道光二年，龔自珍撰〈劉禮部庚辰大禮記注長編序〉，見《龔自珍全集》第一九八～一九九頁。

道光元年辛巳（一八二一年）　卒後三十三年

俞樾生。

道光二年壬午（一八二二年）　卒後三十四年

先生族姪孫莊大久卒，「著書四百餘卷，自言諸經中，《春秋》功力最摯」。（《武進縣志·儒林傳》）

左輔：〈大久莊先生傳〉曰：「道光二年九月，舊疾發，委頓旬日卒，年七十有九。所著有《春秋注解》十六卷、《春秋字數義》百四卷、《春秋天道義》九十四卷、《春秋人倫義》五十六卷、《春秋地理義》十五卷、《春秋物類義》六卷、《春秋字義》四卷、《春秋小學》一卷、《春秋異文小學》一卷、《春秋地名考》二卷、《春秋人名考》二卷、《周易集說》七卷、《周易條析》六卷、《周易卦字數臆》四卷、《周易異文》一卷、《毛詩說》五卷、《毛詩說蘊》上下四卷、《毛詩字義》五卷、《毛詩異文字義》一卷、《毛詩序說》一卷、《毛詩異聞》二卷、《尚書今文集注》六卷、《尚書序說》二卷、《周官集說》十二卷、《周官指掌》四卷、《儀禮喪服經傳分釋圖表》二卷、《禮記集說》四十九卷、《考工記集說》一卷、《各經傳記小學》十四卷、《傳記不載說文解字》三卷。」（見武進莊大久遺著之一《慕良雜纂》卷首）

按：《周易指掌》五卷二本，由武昌官書局刊入《正覺樓叢書》；《毛詩說》六卷六本、《詩蘊》二卷、《春秋小學》、《春秋異文小學》、

《禮記集說》四十九卷八本、《各經傳記》十四卷七本，由其玄孫莊俞於民國二十四年交商務印書館影行。另《慕良雜纂》、《慕良雜著》，民國十九年由商務印書館排印出版。

道光三年癸未（一八二三年） 卒後三十五年

龔自珍撰〈五經大義終始說〉暨〈答問〉九篇，謂：「禮據亂而作，故有據亂之祭，有治升平之際」。言《公羊》「三世」。

道光四年甲申（一八二四年） 卒後三十六年

七月，越南貢使請為其國王母乞人葠，「得旨賞給」，而諭中有「外夷貢道之語」，使臣請將「外夷」改為「外藩」，然「詔書難更易」，劉逢祿援用《周禮》，謂「藩遠而夷近也」。史稱其「據經決事，有先漢董相風」。

> 劉承寬：〈先府君行述〉：「本年七月，越南貢使陳請為其國王母乞人葠，得旨賞給，而諭中有『外夷貢道』之語，其使臣欲請改為外藩，部中以詔書難更易而拒之，又恐失遠人心，府君乃為牒復之，曰：『案：《周官・大司馬》職方氏，王畿之外分九服，夷服去王國七千里』，藩服去王國九千里，是藩遠而夷近也。又許氏《說文》謂羌狄蠻貊，字皆從物旁，惟夷從大從弓者，東方大人之國，夷俗仁，仁者壽，有東方不死之國，故孔子欲居之。且乾隆間，奉上諭，申飭四庫館不得改書籍中夷字作彝裔字，舜東夷之人，文王西夷之人，我朝六合一家，盡去漢、唐以來拘忌嫌疑之陋，使者無得以此為疑。遂無辭而退。其據經決事，有先漢董相

風，類此至多，惜平日無紀載，苫塊餘生，又無從訪質，掛一漏百，哀曷可言。」（《劉禮部集》卷十一附第四～第五葉）

李兆洛爲劉逢祿刻《公羊釋例》。

道光五年乙酉（一八二五年）　卒後三十七年

魏源應江蘇布政使賀長齡之聘，輯《皇朝經世文篇》，次年成，共一百二十卷。

道光六年丙戌（一八二六年）　卒後三十八年

劉逢祿分校禮闈，見鄰房有浙江、湖南二卷，「經策奧博」以爲必龔自珍、魏源，亟勸力薦，不售，賦試惜之。

> 劉逢祿：〈題浙江湖南遺卷〉：「之江人文甲天下，如此明媚兼嶙峋；盎盎春溪比西子，浣花濯錦裁銀雲。神禹開山鑄九鼎，罔兩頫伏歸洪鈞。鋒車昔走十一郡，奇祥異瑞羅繽紛。茲登新堂六十俊。（自注：浙卷七百餘，獨分得六十卷。）就中五丁神力尤輪囷。紅霞噴薄作星火，元氣蓊鬱輝朝暾。骨驚心折且揮淚，練時良吉齊肅陳。經旬不寐探消息，那知鍛翮投邊塵。文字遼海洲蟲耳，司中司命何歎嗔？更有無雙國士長沙子，孕育漢魏眞經神，尤精選理躒鮑謝，暗中劍氣騰龍鱗。侍御披洲谿雙眼，手持示我咨嗟頻。（自注：湖南玖肆五策冠場，文更高妙，予決其爲魏君源。）翩然雙鳳莫空碧，會見應運翔丹宸，萍踪絮影示偶爾，且看明日走馬塡城闉。」
>
> （《劉禮部集》卷十一第十七～十八葉）

劉承寬：〈先府君行述〉：「丙戌，分校禮闈，鄰房有浙江、湖南二卷，經策奧博，曰：『此必仁和龔君自珍、邵陽魏君源也。』亟勸力薦，不售，于是有傷湖南、浙江二遺卷之詩。」（《劉禮部集》卷十一附第八葉）

道光八年戊子（一八二八年） 卒後四十年

莊綬甲刻祖父存與《易說》，以示董士錫，士錫於十月十日撰《易說序》，見本書卷二。

龔自珍成《尚書序大義》一卷、《太誓答問》一卷、《尚書馬氏家法》一卷。《太誓答問》「論伏生原本二十九篇非二十八篇」、「論夏侯氏無增篇」、「論歐陽氏無增篇」、「論今文篇數具在」、「論近儒異序同篇之說非是」、「論近儒《書序》當一篇之說」、「論斑氏不以《書序》當一篇」、「論《書序》古今文並有」、「論後得者非《太誓》」、「論《太誓》晚立，與伏生家法無涉」、「論《尚書大義》引此文之故」、「論孔壁中無《太誓》」、「論五十八篇之名」、「論近儒遁詞」、「論太史今古文之學」、「總論漢代今文古文名實」、「論《太誓》逸文有二種」、「論東晉僞古文乘虛而入」等題。劉逢祿爲《太誓答問》撰〈序〉。

劉寶楠、陳立、劉文淇相約爲新經疏，劉寶楠任《論語》、陳立任《公羊》、劉文淇任《左傳》。後劉寶楠撰《論語正義》二十四卷，以三國魏何晏《論語纂解》爲主體，詳錄各家之說，並匯集清儒《論語》考釋，全書未成而卒，由其子恭冕續成，陳立撰《公

羊義疏》，搜集唐代以來闡釋《公羊》舊說，並吸取清代孔廣森、
劉逢祿等成果進行疏解。劉文淇撰《春秋左氏傳舊注疏證》，止於
襄公五年。搜集東漢賈逵、服虔、鄭玄舊說，廣采先秦暨唐以前諸
書，並吸取清儒研究成果進行疏證，于典章制度、服飾器物、姓氏
地理、古曆天算、鳥獸蟲魚均加注釋，由文淇及子毓崧、孫壽曾三
世陸續纂輯。此三書為清代學者總結前人對《論語》、《公羊》、
《左傳》注釋成果之作。

道光九年己丑（一八二九年） 卒後四十一年

　　龔自珍會試中式，賜同進士出身，廷試對策祖王安石〈上仁宗
皇帝書〉，朝考以知縣用，自請仍歸中書原版。

　　魏源應禮部試不第，捐資為內閣中書。《詩古微》初稿成，
上、下兩卷。

> 　　按：胡承珙：〈與魏默深書〉云：「自丙戌奉書後，曠焉三載。……前
> 承示大著《詩古微》一冊」，見《求是堂文集》卷三。由丙戌再推三載
> 為己丑，即道光九年。又，劉逢祿有〈詩古微序〉，謂「魏源」「于
> 《詩》則表章《魯》、《韓》墜緒，以匡〈傳〉、〈箋〉」，《劉禮部
> 集》卷九。劉逢祿卒於道光九年，是《詩古微》當寫於道光九年以前，
> 修古齋刻。後經增補，分為上、中、下三編，共二十卷，見道光二十年
> 條。

　　魏源以孔廣森、劉逢祿之治《公羊》，「止為何氏拾遺補
缺」，撰《董子春秋發微》。

> 　　魏源：〈董子春秋發微序〉：「《董子春秋發微》七卷，何
> 　　為而作也？曰：所以發揮《公羊》之微言大誼，而補胡母生

《條例》、何劭公《解詁》所未備也。《漢書·儒林傳》言『董生與胡母生同業治《春秋》』，而何氏《注》但依胡母生〈條例〉，於董生無一言及；近日曲阜孔氏、武進劉氏皆《公羊》專家，亦止爲何氏拾遺補缺，而董生之書未之詳焉。若謂董氏疏通大誼，不知經文，不足頡頏何氏，則其書三科、九旨燦然大備，且弘運精淼，內聖而外王，蟠天而際地，遠在胡母生、何劭公章句之上，蓋彼滿泥文，此優柔而饜飫矣；彼專析例，此則曲暢而旁通矣，故抉經之心，執聖之權，冒天下之道者，莫如董生。今以本書爲主，而以劉氏《釋例》之通論大義近乎董氏附諸後，爲《公羊春秋》別開閫域，以爲後之君子亦將有樂於斯。」（《魏源集》第一三四～一三五頁，中華書局一九八三年版）

八月，劉逢祿卒，子承寬請宋翔鳳撰誄文，翔鳳賦《哭外兄劉申甫禮部二首》。

李兆洛有〈禮部劉君傳〉，見《養一齋文集》卷十四，錄入本書卷四。

宋翔鳳：〈哭外兄劉申甫禮部二首〉云：

「絕學群言寄此身，著書一室邈無鄰，早衰記語同心友，將沒誰爲枕郄人。惜我未歸秋病葉，哭居臨去路荒榛。壁中科斗航頭策，漠漠愁隨萬古塵。」

「久甘巖谷任薶藏，每聽容臺議禮詳。一歲長余同寂寞，千秋待子無淪亡。文遲誄德愁難理（哲嗣屬余爲誄文，尚未脫稿）。

世便需才事已荒。記失蒙莊偕雪涕，獨緘遺恨過江鄉。（去
臘莊卿山外兄殁于常州，正月抵京，與君同聞此耗）（《洞簫樓詩記》卷
十三第八葉，《浮溪精舍叢書》本）。」

道光十年庚寅（一八三〇年）　卒後四十二年

阮元在粵建學海堂，旋編《皇清經解》，莊、劉撰著，多所採
輯。

> 阮元：〈莊方耕宗伯經說序〉：「元於庚寅歲，建學海堂講
> 舍于粵東，思欲蒐采皇朝說經之書，選其精當，臚其美富，
> 集爲大成，爲後學津逮。茲劉君從其外兄莊綬甲錄寄宗伯公
> 遺書，凡□卷，元受而讀之！」（莊存與：《味經齋遺書》卷首第
> 一～二葉）

> 按：《皇清經解》，阮元主編，搜集清初至乾、嘉年間七十五家、一百
> 八十三種著作，錄莊存與：《春秋正辭》、劉逢祿：《公羊何氏釋
> 例》、《公羊何氏解詁箋》、《發墨守評》、《穀梁廢疾申何》、《左
> 氏春秋考證》、《箴膏肓評》、《論語述何》；宋翔鳳：《四書釋地辨
> 證》。

道光十一年辛卯（一八三一年）　卒後四十三年

方東樹刊行《漢學商兌》、《書林揚觶》。《漢學商兌》爲方
東樹於道光四年在阮元幕時始撰，道光六年撰《漢學商兌序例》，
宣揚程、朱理學，謂：「余生平讀書，惟于朱子之言爲獨契，覺其
與孔、孟無二，故見人著書凡與朱子抵觸者，輒恚恨，以爲人性何
以若是其弊也」。《書林揚觶》一卷，中亦排詆漢學，推尊程、

朱。

道光十二年壬辰（一八三二年） 卒後四十四年

章學誠《文史通義》、《校讎通義》刊行。

陳立在揚州，自序《白虎通疏證》。

道光十三年癸巳（一八三三年） 卒後四十五年

龔自珍成《左氏春秋服杜補義》一卷、《左氏決疣》一卷，又《六經正名說》、《古史鈎沉論》成。

道光十四年甲午（一八三四年） 卒後四十六年

陳壽祺卒。陳輯有《尚書大傳定本》。所撰《今文尚書經說考》、《魯齊韓三詩遺說考》，均未終稿，由其子喬樅續成。另有《五經異義疏證》、《左海經解》等。

道光十七年丁酉（一八三七年） 卒後四十九年

三月，李兆洛撰〈珍藝宧遺書序〉，以常州莊氏之學「養恬先生啓之」。

> 李兆洛：〈珍藝宧遺書序〉：「兆洛自交若士、申受兩君，獲知莊氏之學。莊氏學者，少宗伯養恬先生啓之，猶子大令葆琛先生賡之者也。……宗伯諸書，文孫卿珊已刻之，未竟而歿；大令之書，……今幼子邠農盡已付梓，……爲莊氏學者於此可以得其大凡矣。……若士、申受所著《公羊》，多

本宗伯。……道光十有七年春三月，李兆洛序。」（《珍藝宧遺書》本）若士，丁履恒。

戴望生，後從宋翔鳳學，有《論語注》，「用《公羊》家法，演劉逢祿《論語述何》之微言」。

戴望，字子高，初「好爲辭章」，繼好顏元之學，認爲「顏、李之學，周公、孔子之道也」。（《清史列傳》卷六九〈戴望傳〉）後至蘇州，謁見陳奐，「通知聲音訓詁經師家法。復從宋先生翔鳳授《公羊春秋》，遂覃精覃思，專志治經」。（〈戴君墓表〉，見《謫麐堂遺集》卷四，宣統三年歸安陸氏依會稽趙氏刻本。）著有《論語注》二十卷、證文四卷、輯《顏氏學記》十卷、《管子校正》二十四卷。又爲《古文尚書述》，「屬稿未半」而歿。後人輯有《謫麐堂遺集》。

戴望自稱，治漢儒經説，係在丁巳（一八五七年）以後，謂：「丁巳，得從陳方正、宋大令二先生游，始治西漢儒説，由是以闚聖人之微言，七十子之大義」。（戴望：〈顏氏學記序〉）陳方正，陳奐；宋大令、宋翔鳳。陳奐治《春秋》，謂「學《春秋》者從《公羊》以知例，治《穀梁》以明禮，《穀梁》文句極簡，必得治禮十數年，而後可發明其要義也。」（戴望：〈清故孝廉方正陳先生行狀〉，見《謫麐堂遺集》第十七～二十葉。）戴望「初溺《左氏》，自『謁吳宋先生，詔以先生（按指劉逢祿）遺書，狃於習俗，未能信也。其後宋先生沒，望避難窮山中，徐徐取讀之，一旦發寤，與先生及宋先生書若有神悟，迴然于吾生之晚，不獲侍先生也。」（戴望：

〈故禮部儀制司主事劉先生行狀〉，見《謫麟堂遺集》第三〇葉。）由宋翔鳳而聞常州今文之學，對劉、宋甚爲欽佩，並受其影響，撰《論語注》。

初，劉逢祿撰《論語述何》，以《論語》「總六經之大義，闡《春秋》之微言」，「追述何氏《解詁》之義，參以董子之說，拾遺補闕，冀以存其大凡，孔、鄭諸家區蓋不言」。（劉逢祿：《論語述何》。）宋翔鳳亦撰《論語說義》十卷，爲《論語發微》之初稿。〈序〉曰：「《論語說》曰：子夏六十四人，共撰仲尼微言，以當素王。微言者，性與天道之言也。此二十篇，尋其條理，求其恉趣，而太平之治、素王之業備焉。自漢以來，諸家之說，時合時離，不能畫一，常綜核古今，有纂言之作，其文繁多，因別錄私說，題爲《說義》。」（宋翔鳳：《論語說義》，見《皇清經解續編》。）言「微言」，言「素王」，言「太平之治」，戴望本宋翔鳳之旨而注《論語》，〈序〉曰：

「漢興，傳之者有齊、古、魯三家，文字各異，而《古論》分〈堯典〉、〈子張問〉以下爲〈從政篇〉，《齊論》更多〈問王〉、〈知道〉兩篇，而河間《論語》有三十篇，其增益不可考。安昌侯張禹，合齊、魯兩家爲之章句，名《張侯論》，篇章與《魯論》同，無〈問王〉、〈知道〉兩篇，《齊論》蓋與《公羊》家言相近。是二篇者，當言素王之事，改周受命之制，與《春秋》相表裡，而爲禹所去，不可得見，恜已！後漢何劭公、鄭康成皆爲此經作注，而康成遺

說，今猶存佚相半。劭公爲《公羊》大師，其本當依《齊論》，必多七十子相傳大義，而孤文碎句，百不遺一，良可痛也。……自後聖緒就湮，鄉壁虛造之說，不可殫究，遂使經義晦蝕，淪於異端，斯誠儒家之大恥也。望嘗發憤於此，幸生舊學昌明之後，不爲野言所奪，乃遂博稽眾家，深善劉禮部《述何》及宋先生《發微》，以爲欲求素王之業、太平之治，非宣究其說不可。顧其書皆約舉，大都不列章句，輒復因其義據，推廣未備，依篇立注，爲二十卷，皆隱括《春秋》及五經義例，庶幾先齊漢學所遺，劭公所傳，世有明達君子，樂道堯、舜之道者，尚冀發其指趣，是正違失，以俟將來。如有覩爲非常異義可怪之論，緣是罪我，則固無譏焉爾。」（戴望：《論語注序》）

道光十八年戊戌（一八三八年）　卒後五十年

龔自珍成《春秋決事比》六卷，申劉逢祿之誼。

序曰：「自珍既治《春秋》，鰓理觺隙，凡書弒、書篡、書叛、書專命、書僭、書滅人、國火攻詐戰，書伐人喪、短喪、喪娶、喪圖婚、書忘讎、書游觀傷財、書罕、書巫、書變始之類，文直義簡，不俟推求而明，不深論。乃獨好刺取其微者，稍稍迂迴贅詞說者，大迂迴者。凡建五始，張三世，存三統，異內外，當興王，及別月日時，區名字氏，純用公羊氏，求事實，間采左氏，求雜論斷，間采穀梁氏，不采漢師，總得一百二十事。獨喜效董氏例，張後世事以設問之，以爲後世之事，出《春秋》外萬萬、《春秋》不得而盡

> 知之也；《春秋》所已具，則直如是。後世決獄大師，有能
> 神而明之，聞一知十也者，吾不得而盡知之也，然吾所能
> 比，則有如是。」

道光十九年己亥（一八三九年）　卒後五十一年

龔自珍以禮部主事棄官出都，過揚州，見阮元、魏源；至江
陰，見李兆洛。有《己亥雜詩》三百十六首。

道光二十年庚子（一八四〇年）　卒後五十二年

鴉片戰爭爆發。

魏源：《詩古微》全書成，三編二十卷。卷首一卷，考齊、
魯、韓、毛各詩師傳家法。上編六卷，分齊、魯、韓、毛各家異
同，以及鄭、衛、邶、齊、魏、唐、秦、陳、曹、豳各風詩序集
義。中編十卷，通論二南、魏、鄭、齊、秦等各風義例，大、小雅
等詩古義。下編三卷，演詩外傳并輯古序。

道光二十一年辛丑（一八四一年）　卒後五十三年

魏源一度入署兩江總督裕謙幕，旋即告歸，於京口晤林則徐。
林將其在粵所譯《四洲志》、《澳門月報》以及粵東奏稿等示之，
囑撰《海國圖志》。

龔自珍卒。李兆洛卒。

道光二十二年壬寅（一八四二年）　卒後五十四年

魏源：《聖武記》、《海國圖志》先後告成。

道光二十五年乙巳（一八四五年）　卒後五十七年

宋翔鳳賦〈題周素夫（世錦）紀遊圖冊三十首〉，第二十一首傷故舊凋殘：首句「南蘭陵多老尊宿」，注文中「毗陵」、「南蘭陵」，指常州。詩云：

> 「南蘭陵多老尊宿，人病山阿存著錄。（原注：張皋聞先生最先沒，後則先舅氏迂甫、葆琛兩先生及洪稚存、孫淵如、趙味辛諸先生相繼下世。）後來交舊亦凋殘。（原注：莊傳永早沒，其後如洪孟慈、劉申甫、李申耆、陸祁孫、莊卿山、陸劭聞、丁若士、管孝逸並殂謝。）偶作相逢猶落落。……學書學劍都無用，不及田閒自課耕。（毗陵菊醑）」（《洞簫樓詩紀》卷二十第十六～十七葉）

道光三十年庚戌（一八五〇年）　卒後六十二年

皮錫瑞生。

洪秀全在廣西桂林金田村起事（十二月初十日，一八五一年一月十一日）。

咸豐二年壬子（一八五二年）　卒後六十四年

廖平生。崔適生。

咸豐五年乙卯（一八五五年）　卒後六十七年

魏源成《書古微》，十二卷。

> 序曰：「《書古微》何爲而作也？所以發明西漢《尚書》今
> 古文之微言大誼，而闢東漢馬、鄭古文之鑿空無師傳也」。
> 是書探討西漢今文經學家解釋《尚書》之舊文，以爲不僅東
> 晉出現之《古文尚書》、《尚書孔傳》爲僞造，即東漢馬
> 融、鄭玄《古文尚書》亦非孔安國眞本。惟其專析西漢、東
> 漢異同，而于今古文無關者不加探討，亦不盡守歐陽、大小
> 夏侯家法。

咸豐七年丁巳（一八五七年）　卒後六十九年

魏源卒於杭州。

咸豐八年戊午（一八五八年）　卒後七十年

二月初五日，康有爲生於廣東南海西樵山北之銀塘鄉（蘇
村）。

> 康有爲，又名祖詒，字廣廈，號長素，戊戌政變後，易名更
> 生；張勳復辟覆敗，又號更牲。晚號天游化人。「十三世爲
> 士，青箱代有編」。（康有爲：《編先世誦芬集恭紀》）。光緒四
> 年，應鄉試未售，從朱次琦（九江）學。攻讀《周禮》、《儀
> 禮》、《爾雅》、《説文》、《水經注》諸書，以及《楚
> 辭》、《漢書》、《文選》諸文，「大肆力於群書」。旋
> 「以日埋古紙堆中，汩其靈明，漸厭之，日有新思，思考據

家著書滿家，究復何用？因棄之而私心好求安心立命之所」。乃「閉戶謝友朋，靜坐養心」。「靜坐時每見天地萬物皆成一體，大放光明，自以爲聖人則欣然而笑，忽思蒼生困苦則悶然而哭。」（《康南海自編年譜》「光緒四年戊寅，二十一歲」）國家危亡，現實刺激，對傳統儒學產生懷疑。次年，與張鼎華（延秋）晤，「得博中原文獻之傳」。入西樵山，居白雲洞，「偶有遁逃思學佛，憂患百經未聞道」（《康南海詩集、澹如樓讀書》）。光緒十年，大攻西學書，聲、光、化、電、重學及各國史記、諸人遊記皆涉焉（《康南海自編年譜》「光緒九年，二十六歲」）光緒十二年，「又著《教學通議》成，好《周禮》，攻何休。《教學通議》以爲周公「言教通治」、「言古切今」、「有德有位」、「綱維天下」，「周公兼三王而施事，監二代以爲文」、「制作典章」、「因時更化」，於是「大周之通禮會典一頒，天下奉行」（《教學通議·從今》）。《周禮》係古文經典，周公爲古文經學家所崇奉，是康有爲早年講《周禮》官守，崇周公權威也。

光緒十四年，康有爲入京應試，《上清帝第一書》，提「變成法」、「通下情」、「慎左右」，然而大臣阻止，格不上達，徐桐且「以狂生見斥」。（見《與徐蔭軒尙書書》後康有爲親筆注語，見拙編《康有爲政論集》第五一頁，中華書局版）「虎豹猙獰守九關，帝閣沉沉叫不得」，「周公」難達，「周禮」何恃！次年返粵，與廖平相晤，於是「明今學之正」，撰《新學僞經考》以斥古學，撰《孔子改制考》以言改制矣。見光緒十七年條。

咸豐十年庚申（一八六〇年） 卒後七十二年

宋翔鳳卒，年八十有二。

同治二年癸亥（一八六三年） 卒後七十五年

譚獻：《復堂日記》謂：劉逢祿《書序述聞》源於莊存與；
《夏時等列》與莊述祖「小有同異」，曰：

> 「閱劉申受《書序述聞》，說《尚書》精深，源於宗伯公，
> 吾故謂莊氏家學精於惠、大于王矣。」

> 「閱劉申受《夏時等列》，於莊氏學小有同異」。（《復堂日
> 記》卷一第三～四葉）查「精于惠」，指吳縣惠周惕、惠士奇、
> 惠棟祖、孫；「大於王」，指高郵王念孫、王引之父子。

同治十二年癸酉（一八七三年） 卒後八十五年

戴望卒。

光緒元年乙亥（一八七五年） 卒後八十七年

趙之謙刻戴望：《謫麐堂遺集》成。

> 趙之謙：《謫麐堂遺集敘目》：「此文及詩，大凡二百三十
> 八篇，亡友德清戴君子高遺集也。君於學治《公羊春秋》，
> 堂曰『謫麐』，所自名也，今以名其集。君著書有《論語
> 注》、《管子校正》、《顏氏學記》，既得潘伯寅侍郎、李
> 仲約學士、朱修伯太常及孫潑之、胡練溪諸君先後爲之刊
> 行。刊《論語注》成。歲在辛未，余方入都，居同歲生胡甘

伯寓屋，同里沈容之亦主其家。……編《遺集》成，刻于江西，吳筠軒觀察、繆芷汀都轉、王松谿大令聞之，咸助之資，皆知君學行。未見君者并書之。光緒元年太歲在乙亥冬十有二月，會稽趙之謙。」（《謫麟堂遺書》卷首）

光緒六年庚辰（一八八〇年）　卒後九十二年

康有為撰《何氏糾繆》，批判何休，「既而自悟其非，焚去」。

光緒九年癸未（一八八三年）　卒後九十五年

廖平經學一變始此。自言「初以《王制》、《周禮》同治中國，分周、孔同異，襲用東漢法也」。此期凡五年，以《今古學考》為綱要。

光緒十一年乙酉（一八八五年）　卒後九十七年

康有為從事算學，以幾何撰《人類公理》。

光緒十二年丙戌（一八八六年）　卒後九十八年

廖平《今古學考》刊成。

廖平：《今古學考》謂：「《左傳》出於今學方盛之時，故雖有簡編，無人誦習，僅存秘府而已。至于哀、平之間，今學已盛而將微，古學方興而未艾，劉子駿（歆）目為此編，遂據以為今學之敵，倡言求立，至于東漢，遂古盛而今微，此風氣盛衰迭變之所由也。」（《今古學考》卷下第二十一葉）又

曰：「劉子駿移太常書，只云臧生等與同，不云其書先見。
班書又云，歆校書見《左傳》而好之，是歆未校書以前不見
《左傳》也。」（同上第三十五葉）並詆鄭玄「混合今古」爲
「違古」（同上第三〇葉）。《今古學考》成於本年，早于
《新學僞經考》五年。（廖平：《經說》甲篇卷二謂：「丁亥，作
《古學考》」；而《古學考序》則云《今古學考》刊于丙戌。按蕭藩爲
《今古學考》作跋在光緒十二年丙戌十月一日，則本年《今古學考》已撰
成。）

光緒十三年丁亥（一八八七年）　卒後九十九年

皮錫瑞始爲《尙書大傳箋》

皮錫瑞：《尚書大傳箋》自序：「殫精數年，易稿三次，既
竭駑鈍，粗得端倪。原注張鄭（玄），必析異同。輯本據陳
（壽祺），間加釐定。所載名物，亦詳引徵。以扶翼孔門之微
言，具伏學之梗概。」後改名爲《尚書大傳疏證》，于光緒
三十三年刊于南昌，七卷。

光緒十四年戊子（一八八八年）　卒後一〇〇年

康有爲第一次向光緒皇帝上書，請求改良政治，挽救國家危
亡。

廖平分《今古學考》爲《知聖篇》、《闢劉篇》。

廖平自稱：戊子、戊戌間，尊今而抑古，謂「當時分教尊
經，與同學二、三百人朝夕研究，析群言而定一尊，于是考

究古文家淵源，則皆出許、鄭以後之僞撰，所有古文家師
說，則全出劉歆以後據《周禮》、《左氏》之推衍。又考西
漢以前，言經學者，皆主孔子，並無周公。六藝皆爲新經，
並非舊史。于是以尊今者作爲《知聖篇》，闢古者作爲《闢
劉篇》。」（廖平：《經學四變記》，己卯秋四川存古學堂刊本第三
葉）

　　《皇清經解續編》成，亦稱《南菁書院經解》，王先謙沿用
《皇清經解》體例搜集刊行，共一百十一家，二百零九種，一千四
百三十卷。其中與常州今文學有關撰著有莊存與：《卦氣解》、
《周官記》、《周官說》、《周官說補》，莊述祖：《毛詩考
證》、《周頌口義》、《五經小學述》，劉逢祿：《書序述聞》、
《尚書今古文集解》，宋翔鳳：《周易考異》、《尚書略說》、
《尚書譜》、《大學古義說》、《論語說義》、《莊子趙注補
正》、《小爾雅訓纂》、《過庭錄》，凌曙：《公羊議疏》、《公
羊問答》、《春秋繁露注》，龔自珍：《太誓答問》、《春秋決事
比》，陳立：《公羊義疏》、《白虎通疏證》，邵懿辰：《禮經通
議》，魏源：《詩古微》、《書古微》，劉恭冕：《何休訓論語
述》等。

光緒十六年庚寅（一八九〇年）　卒後一〇二年

　　康有爲在廣州晤見廖平，受其啓發。

光緒十七年辛卯（一八九一年）　卒後一〇三年

　　康有爲始開講堂于廣州長興里，手製學規，撰述《學記》，標

明「勉強爲學，務在逆乎常緯」。七月，《新學僞經考》刊行（光緒十七年秋八月廣州萬木草堂刊本）。自稱：「得魏氏源《詩古微》，劉氏逢祿《左氏春秋考證》，「乃大悟劉歆之作僞」。

> 康有爲：《新學僞經考》曰：「余讀《史記·河間獻王》、〈魯共公世家〉，怪其絕無獻王得書、共王壞壁事，與《漢書》絕殊。竊駭此關六藝大典，若誠有之，史公何得不敍之。及讀〈儒林傳〉，又無《毛詩》、《周官》、《左傳》，乃始大疑。又得魏氏源《詩古微》、劉氏逢祿《左氏春秋考證》，反覆證勘，乃大悟劉歆之作僞。」（〈漢書河間獻王魯共公傳辨僞〉）

> 「劉申受《左氏春秋考證》，知《左氏》之僞，攻辨甚明。……然申受《左氏春秋考證》，謂『楚屈瑕篇年月無考』，固知《左氏》體例與《國語》相似，不必比附《春秋》年月也，是明指《左傳》與《國語》相似矣。……又觀各條，劉申受雖未悟《左傳》之掫於《國語》亦知由他書所采附，亦幾幾知爲《國語》矣。」（〈漢書藝文志辨僞〉上）

> 同年，康有爲：〈與朱蓉生書〉有云：「孔子作六經，爲後世之統宗。今學博士，自戰國立，至後漢，凡五百年而亡，劉歆作僞，行於魏、晉，盛於六朝、隋、唐、宋初，凡五百年而息。朱子發明義理解經，行於元、明及本朝，亦五百年而微。國朝閻、毛、惠、戴之徒，極力主張漢學，能推出賈、馬、許、鄭以攻朱子，實僅復劉歆之舊，所謂物極則變也。然乾、嘉之世，漢學大行，未有及今學。諸老學問雖

博，間輯三家《詩》及歐陽，大小夏侯遺說，亦與《易》之言荀、虞者等，所以示博，非知流別也。至乾、嘉間，孔巽軒乃始爲《公羊通義》，然未爲知《公羊》也，近日鍾文烝爲《穀梁補注》，然未爲知《穀梁》也。直至道、咸，劉申受、陳卓人乃能以《繁露》、《白虎通》解《公羊》，始知學。則今學自滅廢絕二千年，至數十年間乃始萌芽，所謂窮則反本也。條理既漸出，亦必有人恢張今學而大明之，以復孔子後學之緒。而因以明孔子之道者，亦所謂惟此時爲然也。」（抄稿，上海市文物保管委員會藏）

查康有爲援用今文經學，實受廖平啓示。溯自甲申中法戰後，有爲鑒於「馬江敗後，國勢日蹙」，爰於戊子入京應試，上書變法，大臣阻止，格不上達。次年秋，離京返粵；本年春，移居廣州安徽會館。晤見廖平，受其啓示，蓋廖平嘗注目今、古文，有《知聖篇》、《闢劉篇》之作也。於是張「三世」、「三統」，治《禮運》「大同」，援今文經說以議政矣。故其長興講學時，即謂「凡六藝之學，皆以致用也」（《長興學記》，光緒十七年夏四月，萬木草堂刊本）曰：「孔子經世之義在《春秋》，《春秋》改制之義著於《公》《穀》」（同上）。且賦詩：「聖經已爲劉秀篡，政家并受李斯殃」（康有爲：《門人陳千秋、曹泰、梁啓超、韓文舉、徐勤、梁朝傑、陳和澤、林奎、王覺任、麥孟華初來草堂問學，示諸子》，見拙編《康有爲政論集》第八七頁，中華書局一九八一年版。）

《新學僞經考》之內容，梁啓超作如下概括：「一、西漢經

學，并無所謂古文者，凡古文皆劉歆偽作；二、秦焚書，并未厄及六經，漢十四博士所傳，皆孔子足本，並無殘缺；三、孔子時所用字，非秦、漢間篆書，即以『文』論，亦絕無今古之目；四、劉歆欲彌縫其作偽之迹，故校中秘書時，於一切古書多所羼亂；五、劉歆所以作偽之故，因欲佐莽篡漢，先謀湮亂孔子之微言大義。」簡言之，康有爲以爲東漢以來經學，多出劉歆偽造，「始作偽，亂聖制者，自劉歆；布行偽經，篡孔統者，成於鄭玄。劉歆「飾經佐篡，身爲新臣」，係新莽一朝之學，與孔子無涉，故稱「新學」。「凡後世所指目爲『漢學』者，皆賈（逵）、馬（融）、許（慎）、鄭（玄）之學，乃新學，非漢學也；即宋人所尊述之經，乃多偽經，非孔子之經也。」（康有爲：《新學偽經考〈序目〉》）

查王莽篡漢，今文學者有對其統治不滿而「避去」者，如傳小夏侯《尚書》之王良，「王莽時，稱病不仕」（《後漢書·王良傳》）。傳孟氏《易》之洼丹、傳歐陽《尚書》之牟長，傳《魯詩》之高詡，傳《魯詩》、《論語》之包咸，先後「避去」。然亦有世傳《古文尚書》、《毛詩》之孔建，不阿諛「新室」。桓譚亦於「天下之士莫不競褒稱德美，作符命以求容媚」之時，「獨自守，默然無言」（《後漢書·桓譚傳》）。王莽雖推古文，而古文經學家亦未盡甘心服從其統治也。且古文經傳亦非盡劉歆偽造，以康有爲所攻《左傳》、《周禮》而言，康謂：「《王莽傳》所謂『發得《周禮》以明因監』，故與莽所更法立制略同，蓋劉歆所偽撰也，歆欲附成莽業而爲此書。其偽群經，乃以證《周官》

者。」然王莽之封地四等，不同於《周禮》而與《王制》相仿，不與王莽「更法立制」盡同。況《周禮》一書，《大戴禮記》以至司馬遷、匡衡均曾引用，亦非劉歆所「僞造」。近人言之多矣。至若《左傳》雖出書較晚，古代缺明確記載，體裁既與《國語》異，文字風格亦非漢人文體也。

《新學僞經考》考辨之武斷，即梁啓超亦云：「《僞經考》之書，……乃至謂《史記》、《楚辭》經劉歆竄入者數十條，出土之鐘鼎彝器，皆劉歆私鑄埋藏以欺後世，此實爲事理之萬不可通者，而有爲必力持之。實則其主張之要點，并不必借重於此等枝詞強辨而始成立，而有爲以好博好異之故，往往不惜抹殺證據或曲解證據，以犯科學家之大忌，此其所短也。」（梁啓超：《清代學術概論》）

蓋《新學僞經考》固非「考辨專著」，而實反擊「格守古訓」，衝擊封建勢力，推行改制變法之理論著作也。康有爲一九一七年重刊《僞經考》時，加有題詞：「光緒辛卯，初刊於廣州，各省互縮印。甲午，奉旨毀板；戊戌、庚子，兩次奉旨毀板。丁巳冬重刊於京城，戊午秋七月成」。三遭毀板，知其爲當局所深忌，而屢毀屢印，猶見其影響之廣云。

光緒十八年壬辰（一八九二年）　卒後一○四年

康有爲移講堂于衛邊街鄺氏祠，學者漸眾，用孔子生二千四百四十三年紀年。

光緒二十年甲午（一八九四年） 卒後一〇六年

中日戰爭爆發。

廖平撰《古學考》。

光緒二十一年乙未（一八九五年） 卒後一〇七年

康有爲聯合各省應試舉人一千三百餘人聯名上書，請求拒和、遷都、練兵、變法，即《公車上書》。

皮錫瑞：《孝經鄭氏疏》、《尙書古文考實》刊行。

光緒二十二年丙申（一八九六年） 卒後一〇八年

章太炎以《新學僞經考》「恣肆」，曾擬駁議數十事，未就。撰《春秋左傳讀》、《駁箴膏肓評》。

康有爲《新學僞經考》出書後，章太炎以爲「恣肆」。曾擬駁議數十條，〈瑞安孫先生哀辭〉云：「會南海康有爲作《新學僞經考》，詆古文爲劉歆僞書。炳麟素治《左氏春秋》、聞先生治《周官》，皆劉氏學，駁《僞經考》數十事，未就，請於先生。先生曰：「是當諱世三數年，荀卿有言，狂生者不胥時而落，安用辨難其以自熏勞也。」（見《太炎文錄》卷二）

章氏於本年元月初一日，致書譚獻，并附寄《左傳讀》，駁難劉逢祿。朱希祖：〈記本師章公自述治學之功夫及志向〉記：「旣治《春秋左氏傳》，爲《敍錄》駁常州劉氏。書

成，呈曲園先生，先生搖首曰：『雖新奇，未免穿鑿，後必悔之』」。（《制言》第二十五期）查《春秋左傳讀》五卷，《章氏叢書初編》僅收《敘錄》。《敘錄》云：『《春秋左傳讀》者，章炳麟著也。初名雜記。以所見輒錄，不隨經文編次，效臧氏《經義雜記》而爲之也。後更曰《讀》。取發疑、正讀爲義也。蓋籀書爲讀、紬其大義曰讀。」「紬微言，紬大義，故謂《春秋左傳讀》云。懟《左氏》、《公羊》之靈，起於劭公，其作《膏肓》，猶以發露短長爲趣。及劉逢祿本《左氏》不傳《春秋》之説，謂條例皆子駿所竄入，授受皆子駿所构造，《左氏春秋考證》及《箴膏肓評》自申其説。彼其摘發同異，盜憎主人，諸所駁難，散在《讀》中」。《駁箴膏肓評》、《砭後證》同爲「駁難」劉逢祿而作。先是，東漢今文經學家何休，作《春秋公羊解詁》，與其師博士羊弼追述李育意，以難二傳，作《公羊墨守》、《左氏膏肓》、《穀梁廢疾》。時「鄭玄乃作《發墨守》、《鍼膏肓》、《起廢疾》」。劉逢祿又作《箴膏肓評》，推演何休今文説。章太炎《駁箴膏肓評》，即「駁難」劉逢祿以申鄭玄説也。《砭後證》未見。《駁箴膏肓評》，稿本，封面刻「劉子駿私淑弟子」印章。

《駁箴膏肓評》稿多塗改，未曾完卷，章氏識有跋云：「嘗作《左傳讀》，微引曾子申以來，至於賈、服舊注，任重道遠，粗有就緒，猶未成書。乃因劉氏三書，駁《箴膏肓評》以申鄭説，砭《左氏春秋考證》以明傳意，砭《後證》以明稱傳之有據、授受之不妄。三書既成，喟然有感於《毛詩古

訓傳》自宋及明，士以爲惟知言語，不通義理，幾幾乎高子
之流矣。至陳長發先生卓見獨識，深明三家《詩》不及毛公
遠甚，自爾以來，不敢有詆《毛傳》者。今《左氏》之見誣
久矣，非有解結釋紛之作，其誣伊于何底！亦欲追蹤法塵，
從君子後以存絕筆云爾。」

光緒二十三年丁酉（一八九七年）　卒後一○九年

皮錫瑞：《今文尙書考證》刊行，凡三十卷，服膺伏生，宗今
文說。

康有爲《春秋董氏學》由上海大同譯書局印布。

> 按：《春秋董氏學》中有以《公羊》「三世」與《禮運》「大同」、
> 「小康」相糅合蹟象，謂：「『三世』爲孔子非常大義，託之《春秋》
> 以明之。所傳聞世爲據亂，所聞世託升平，所見世託太平。亂世者，文
> 教未明也；升平者，漸有文教，小康也；太平者，大同之世，遠近大小
> 如一，文教全備也。」

康有爲撰《禮運注》。

> 〈禮運注序〉曰：「吾中國二千年來，凡漢、唐、宋、明，
> 不別其治亂興衰，總總皆小康之世也。凡中國二千年儒先所
> 言，自荀卿、劉歆、朱子之說，所言不別其直僞精粗美惡，
> 總總皆小康之道也。」

光緒二十四年戊戌（一八九八年）　卒後一一○年

春，康有爲：《孔子改制考》由上海大同譯書局出版。新舊鬥

爭激烈，以湖南爲甚。

康有爲：《新學僞經考》出書，給事中余聯沅即劾以「惑世誣民，非聖非法，同於少正卯，聖世不容，請焚《新學僞經考》，而禁粵人於學」。康有爲復於本年春刊布《孔子改制考》。

《孔子改制考》或曰刊於光緒二十三年丁酉，實誤。查《孔子改制考》由上海大同譯書局始刊，木活字印行。〈大同譯書局新出各書〉廣告，亦於光緒二十四年戊戌六月三十日起於《申報》登出，自非丁酉出書。又，大同譯書局本有〈孔子改制考序〉，署「《孔子改制考》成書，去孔子之生二千四百四十九年也，光緒二十四年正月元日」。知《孔子改制考》應於丁酉付梓，而刊出則爲戊戌。

「孔子改制」者，謂孔子以前歷史，係孔子爲救世改制而假托之作，均茫昧無稽」。「六經以前，無復書記，夏、殷無徵，周籍已去。共和以前，不可年識，秦漢以後，乃得詳記」（《孔子改制考》第一頁，中華書局一九五八年本，下同。）「由於書缺籍去，混混茫茫」，周、秦諸子百家爭鳴，創立教義，託爲古代已有之制，如墨子托夏禹，「以尚儉之故」（六十七頁）；老子托黃帝，「以申其『在宥』、『無爲』之宗旨」（六十八頁）；韓非「以法爲法，故附會古聖」（八十二頁）；孔子創立儒教，言堯、舜、禹、湯、文、武政教禮法，編六經以爲「托古改制」之根據。諸子爭教，儒、墨「顯學」，自戰國歷秦至漢，「天下咸歸依孔子」，蓋孔子

所創之儒教，教義最完善，制度最齊備，徒眾最眾多，故漢武時取得一統之地位，孔子亦成爲「萬世教主」（一六五頁）。

孔子「托古」，基於改制；孔子「改制」，依賴「托古」。蓋「榮古而虐今，賤近而貴遠」，「人之常情」，「非托之古，無以說人」（四八頁）。堯、舜、禹、湯、文、武「盛世」，非古代實有，而屬「托之以言其盛」。孔子身處「亂世」，嚮往「太平盛世」，亦基於「改制」「救世」而「托古編造」云爾。

康有爲以爲孔子創立「三統」、「三世」諸義，居「亂世」而嚮往「太平」。若是，社會歷史固非不變，而係「因革損益」。謂「堯、舜爲民主，爲太平世，爲人道之主，儒者舉以爲極者也。……孔子撥亂升平，托文王以行君主之仁政，尤注意太平，托堯、舜，以行民主之太平」（二八四頁）。「《春秋》始於文王，終於堯、舜，蓋撥亂之治爲文王，太平之治爲堯、舜，孔子之聖意，改制之大義，《公羊》所傳之第一義也」（二八五頁）。以《春秋》爲「亂世」，堯、舜爲民主、爲太平，然堯、舜爲孔子理想之境界，孔子處「亂世」，欲致「升平」，實爲「撥亂救民」、「行權救患」，孔子固非述而不作，而係作六經以言改制耳。經書經孔子手定，亦含有改制之微言大義。尊奉儒經，因儒經經孔子「手定」；尊奉孔子，緣孔子創立儒教，托古改制。於是尊孔子爲教主，以孔教名義宣揚變法維新。

康有爲以《新學僞經考》抵擊舊制，以《孔子改制考》宣揚變法，其弟子梁啓超亦力爲宣傳。丁酉十月，梁啓超應湖南時務學堂之聘，任中文總教習，擬《湖南時務學堂學約》十章，曰立志、養心、治身、讀書、窮理、學文、樂群、攝生、經世、傳教（《時務報》第四十九冊，光緒二十三年十二月初一日出版）。「教學生先讀《孟子》、《公羊》，論明聖經中之公理公法，然後取古今中西之政治法律以比較而進退之，求其切實可行」（〈答張次宗問時務學堂事〉，見《湘報》第四十四號，光緒二十四年閏三月初六日出版）。撰《春秋界說》，倡「孔子範圍萬世之精意」。《孟子界說》，明孟子「所傳爲大同之義」。援康有爲改制、民權之說而益推揚，乘風揚波，振聾發瞶，致爲湘省官紳王先謙、葉德輝輩所忌，王先謙：〈覆洪教諭書〉：「康有爲民權平等之說，斷不可行。……即梁啓超在時務學堂闡揚師說，賊我湘人，曾經紳士具呈撫院，請即整頓」。（見蘇輿：《翼教叢編》卷六）稱爲「離經叛道，惑世誣民」之「跛士」（葉德輝：《長興學記駁義》，見《翼教叢編》卷四）。葉德輝且撰〈讀西學書法書後〉、〈正界篇〉以駁之（見《翼教叢編》卷四），新舊鬥爭，於湘爲烈，「翼教」、「護聖」，亦緣康、梁揭櫫《公羊》，宣揚改制。維新守舊，與今文經學固有關連也。葉德輝〈答友人書〉即云：「劉中受之於《公羊》，初亦自成宗派，祇以門戶太過，斥班偶《左》，禍成於墨守，害切於坑灰，覆瓿不足以蔽辜，操戈奚足以洩憤，此藥中之烏附、食品之醞醢，非止如古人所譏賣餅家也」。（《翼教蒙編》卷六）〈與段伯猷茂子書〉復

云：「《公羊》家以《論語》證《春秋》，始於何休之傳注，近儒如劉申受、宋于庭、戴子高竭力開通，幾於《論語》、《春秋》可以存一廢一」（同上）。且斥康、梁爲「秉禽獸之心」、「眞士類之文妖」，欲「臠割寸磔，處以極刑」云（〈正界篇〉下，見《翼教叢編》卷四）。

政變起，蘇輿輯《翼教叢編》，「專以明教正學爲義」。

〈翼教叢編序〉曰：「邪説横溢，人心浮動，其禍實肇于南海康有爲。……其言以康之《新學僞經考》、《孔子改制考》爲主，而平等、民權、孔子改制諸謬説輔之，僞六籍滅聖經也，託改制亂成憲也，倡平等墮綱常也，伸民權無君上也，孔子紀年欲人不知有本朝焉。」

光緒二十五年己亥（一八九九年）　卒後一一一年

皮錫瑞：《尚書中侯疏證》刊行，一卷；又刊《鄭志疏證》、《聖證論補評》、《六藝論疏證》、《魯禮禘祫義疏證》、《駁五經異義疏證》、《發墨守、箴膏肓、釋廢疾疏證》。

章太炎《訄書》初刻本付梓。

光緒二十七年辛丑（一九〇一年）　卒後一一三年

康有爲成《中庸注》、《春秋筆削微言大義考》暨《孟子微》。

光緒二十八年壬寅（一九○二年）　卒後一一四年

　　章太炎對「初著《訄書》，意多不稱。自日本歸，里居多暇，復爲刪革傳於世」。較初刻本有增刪，所增《清儒》嘗言常州今文之學。

　　章太炎：《訄書·清儒》：「今文者，《春秋》公羊、《詩》齊、《尚書》伏生，而排斥《周官》、《左氏春秋》、《毛詩》、馬鄭《尚書》。然皆以公羊爲宗。始，武進莊存與與戴震同時，獨憙治公羊氏，作《春秋正辭》，猶稱說《周官》。其徒陽湖劉逢祿，始專注董生、李育，爲《公羊釋例》，屬辭比事，類列彰較，亦不欲苟爲恢詭。然其辭意溫厚，能使覽者說繹。及長洲宋翔鳳，最善傅會，牽引飾說，或采翼奉諸家，而雜以讖緯神秘之辭。翔鳳嘗語人曰：『《說文》始一終亥，即古之《歸藏》也』。其義瑰瑋，而文特華妙，與治樸學者異術，故文士尤利之。道光末，邵陽魏源，夸誕好言經世，嘗以術奸說貴人，不遇，晚官高郵知州，益牢落，乃思治今文爲名高。然素不知師法略例，又不識字，作《詩·書古微》。凡《詩》今文有齊、魯、韓，《書》今文有歐陽、大小夏侯，故不一致。而齊、魯、大小夏侯，尤相攻擊如仇儺。源一切混合之，所不能通，即歸之古文，尤亂越無條例。仁和龔自珍，段玉裁外孫也。稍知書，亦治《公羊》，與魏源相稱譽。而仁和邵懿辰爲《尚書通議》、《禮經通論》，指《逸書》十六篇、《逸禮》三十九篇爲劉歆矯造，顧反信東晉古文，稱誦不衰，斯

所謂例植者。要之，三子皆好爲姚易卓犖之辭，欲以前漢經
術助其文采，不素習繩墨，故所論支離自陷，乃往往如儀
語。惟德清戴望述《公羊》以贊《論語》，爲有師法。而湘
潭王闓運亦注五經。闓運弟子，有井研廖平傳其學，時有新
義，以莊周爲儒術，説雖不根，然猶愈魏源夐絶無倫類
者。」

梁啓超撰《論中國學術思想變遷之大勢》，第三節〈最近世〉
述今文之學，曰：

「其最近數十年來，崛起之學術，與惠、戴爭席，而駸駸相
勝者，曰西漢今文之學。首倡之者爲武進莊方耕（存與），著
《春秋正辭》。方耕與東原同時，相友善，然其學不相師
也。戴學治經訓，而博遍群經；莊學治經義，而約取《春秋
公羊傳》，……方耕弟子劉申受（逢祿）始顯主董仲舒、李
育，爲《公羊釋例》，實爲治今文學者不祧之祖。逮道光
間，其學寖盛，最著者曰仁和龔定庵（自珍），曰邵陽魏默深
（源）。定庵有《文集》三卷、《續集》四卷。定庵，段茂
堂外孫也，其小學多得自段氏，而經義則挹自莊、劉。……
然其於《春秋》，蓋有心得，能以恢詭淵眇之理想，證衍古
誼，其於專制政權，疾之滋盛，集中屢歎恨焉。……」

「前此治今文者，則《春秋》而已，至魏默深乃推及它經，
著《詩古微》、《書古微》、《詩》主齊、魯、韓，《書》
主歐陽、大小夏侯，而排斥毛、鄭，不遺餘力，由今日視
之，其無謂亦甚矣。然一家之言，不可誣也。魏氏又好言經

世之術，爲《海國圖志》，獎厲國民對外之觀念，其書在今日，不過束閣覆瓿之價值，然日本之平象山吉、田松陰、西鄉隆盛輩，皆爲此書所激刺，間接以演尊攘維新之活劇，不龜手之藥一也。或以霸，或不免於汗澣絖，豈不然哉！」

「數新思想之萌蘗，其因緣固不得不遠溯龔、魏，而二子皆治今文學，然則今文學與新思想之關係，果如是密切乎？曰：是又不然，二子固非能純治今文者，即今文學亦安得有爾許魔力，欲明其理，請徵泰西。泰西古學復興，遂開近世之治。謂希臘古學，果與近世科學哲學有不可離之關係乎，殆未必然。然銅山崩而洛鐘應者，其機固若是也。凡社會思想，束縛於一途者既久，驟有人焉衝其藩籬而陷之，其所發明者，不必其遂有當於眞理也，但使持之有故，言之成理，則有自能震聾一般之耳目，而導以一線光明，是懷疑派所以與學界革命常相緣也。今文家言，一種之懷疑派也，二百年間支配全學界最有力之一舊說，舉凡學子所摯摯焉以不得列宗門爲恥者，而忽別樹一幟以與之抗，此機一動，前之人所莫敢疑者，後之人乃競起而疑之，疑之不已，而俶詭之論起焉。俶詭之論多，優勝劣敗，眞理斯出。故懷疑派之後，恒繼以詭辨派，詭辨派之後，而學界革命遂成立，此徵諸古今中外而皆然者也。」

「今文之學，對於有清一代學術之中堅而懷疑者也。龔、魏及祖述龔、魏之徒，則近於詭辨者也，而我思想界亦自茲一變矣。今勿具論。其與龔、魏相先後而學統有因緣者，則有陽湖李申耆（兆洛）、長洲宋于庭（翔鳳）、仁和邵位西（懿

辰），宋氏傅會大遇，支離太甚，不足以當鉅子。李氏明算，長於地理，其治經則排斥《周官》特甚。邵氏則卓然一經師也。蓋申耆始治今文《春秋》，默深始治今文《詩》、今文《書》，而位西則言今文《禮》，著《禮經通論》，以《逸禮》三十九篇爲劉歆矯造，自是群經今文説皆出。」

「而湘潭王壬秋（闓運）、壬秋弟子井研廖季平（平）集其大成，王氏遍注群經，不斷斷於攻古文，而不得不推爲今學大師，蓋王氏於《公羊》説六經，《公羊》實今學中堅也。廖平受師説而附益之，著書乃及百種，可謂不憚煩，而其説亦屢變。初言古文爲周公，今文爲孔子，次言今文爲孔之眞，古文爲劉之僞，最後乃言今文爲小統，古文爲大統，其最後説，則戊戌以後，懼禍而支離之也。蚤歲實有所心得，儼然有開拓千古、推例一時之概，晚節則幾於自賣其學，進退失據矣。至乃牽合附會，摭拾六經字而上碎文集義，以比附泰西之譯語，至不足道。雖然，固集數十年來今學之大成者，好學深思之譽，不能沒也。」

「蓋自今古之訟既興，於是朱右曾有《尚書歐陽、夏侯遺説考》、陳喬樅有《今文尚書經説考》、《三家詩遺説考》、《齊詩翼氏學疏證》，陳立有《公羊義疏》，專憑西漢博士説以釋經義者間出，逮廖平而波瀾壯闊極矣。」

「吾師南海康先生少從學于同縣朱子襄先生（次琦），朱先生講陸、王學于舉世不講之日，而尤好言歷史、法律得失，其治經則綜糅漢、宋、今、古，不言家法。康先生之治《公羊》、治今文也，其淵源頗出自井研，不可誣也。然所治

同，而所以治之者不同。疇昔治今文者皆言例，南海則言義，惟牽于例，故還珠而買櫝，惟究于義，故藏往而知來，以政制言《春秋》，以三世言《春秋》者，自南海始也。改制之義立，則以爲《春秋》者，絀君威而申人權，夷貴族而尚平等，去內競而歸統一，革習慣而尊法治，此南海之言也。疇昔吾國學子，對于法制之觀念，有補苴，無更革，其對于政治之觀念，有服從，有勸諫，無反抗，雖由霸者之積威，抑亦誤學孔子，謂教義固如是也。南海則對於此種觀念，施根本的療治也。三世之義立，則以進化之理，釋經世之志，遍讀群書，而無所于閡，而導人以向後之希望，現在之義務，夫三世之義，自何劭公以來，久闇曶焉，南海之倡此，直達爾文主義未輸入中國以前，不可謂非一大發明也。」

「南海以其所懷抱，思以易天下，而知國人之思想束縛既久，不可以猝易，則以其所尊信之人爲鵠，就其所能解者而導之，此南海說經之微意也。而其影響，則既若此，近十年來，我思想界之發達，雖由時勢所造成，歐、美科學所鼓動，然謂南海學說無絲毫之功，雖極惡南海者猶不能違心而爲斯言也。南海之功安在？則亦解二千年來人心之縛，使之敢于懷疑，而導之以入思想自由之塗徑而已。……」（梁啓超：〈論中國學術思想變遷之大勢〉，《飲冰室全集·文集》之七第九六～九九頁。）

其後，梁啓超撰《清代學術概論》，所論與此略同。

卷四　碑傳

莊存與列傳

《清史列傳》

　　莊存與，江蘇武進人，乾隆十年一甲二名進士，授編修。十三年五月，散館考列二等，諭曰：「歷科進士殿試一甲第一名，即授爲修撰；二名、三名，即授爲編修。至散館時，並無所更易。伊等恃已授職，遂自甘怠忽，學業轉荒。即如今年散館修撰錢維城，考列清書三等，編修莊存與，考列漢書二等之末，其不留心學問，已可概見。但錢維城係派習清書，或尚非其所素習，著再試以漢書，候朕閱定。莊存與不准授爲編修，俟引見時朕酌量其人才，或以部屬，或以知縣，或歸班選用。則此後一甲之人，皆有所警，而專心學問，若有仍考列三等者，其例視此。」十六年五月引見，仍授編修。是年恭逢孝聖憲皇后六旬聖壽慶典，特開鄉會恩科，命於次年春舉行鄉試。十二月，充湖北鄉試副考官。十七年六月，大考二等，陞侍講入直南書房。十八年六月，擢翰林院侍讀學士，充湖北鄉試正考官。九月，提督湖南學政。二十年四月，遷少詹事。六月，擢內閣學士，兼禮部侍郎。二十一年，充浙江鄉試正考官。九月，提督直隸學政。

二十二年，奏直隸冒籍生員，自首改正，每學多至五、六十名，少者十五、六名，尙有未經查出者，恐此後有將本身入學姓名，令兄弟子姪頂替，甚或賣與各省童生頂名呈首，或本人自首於北，而他人頂替於南。若但據自首改回，弊恐不少，請將冒籍各生，暫停南北歲科兩試，定限一年。著落本身自首，即據所首姓名、三代籍貫，一面咨禮部存案，一面行該省取具父師親族鄰里，切實甘結，地方官加具印結，方准咨回該省學政入冊。如查有假冒頂替，照例辦理，首明雖限一年，咨查需日。己卯鄉試，應停收考錄，送下部議行。二十二年二月，存與考試滿洲、蒙古童生，因不能傳遞，各童生擁擠鬧堂，經御史湯世昌參奏，命革存與職。尋諭曰：「莊存與於考試童生鬧場一案，既不能參奏於前，及朕面召詢問，又不據實陳奏，是以將伊革職。但各童生喧鬧，究因該學政辦理尙屬嚴密、不能傳遞之故。今旣審明情節，而該學政竟因此罷黜，殊非懲創惡習之意。莊存與著帶革職，仍留內閣學士之任。」又諭曰：「朕以滿洲、蒙古童生皆世受豢養之人，乃不知遵奉教約，恣效外省惡習，此於八旗風俗大有關繫，不可不嚴行根究。乃派出查審之大臣等，於案內情事並未嚴行窮究，而議罪之處又不允行，所審皆旗人，故不能不掣肘。而朕豈肯一任其意，存瞻徇而顧預了事耶？當經親臨覆試，隨獲挾帶如許之多，因復親加鞠訊，務得實情。而童生海成係包攬傳遞，首先倡議鬧場之犯，一聞覆試，輒將鬧場時帶來之卷，倩人補作捏飾投遞，希圖狡脫，已屬刁頑。至在場放鴿傳遞、包攬受賄各情，業經羅保等供證確鑿。乃於朕前又復挾讎誣陷，和安肆其狡獪，抗不吐實。乃加覆訊而狂悖無禮，竟有何不殺之之語。滿洲世僕中有如此敗類，斷不可留矣，因降旨

將伊正法。其附和鬧場之羅保、和安，即得奚納，並搜出懷挾，又復強辯之納拉善，俱發往拉林種地。至隨從鬧場及夾帶草稿字片之烏爾希蘇等四十人，本應如議發遣，但既經責訓示懲，俱從寬令其在旗披甲，永遠不准考試。滿洲教授旺衍，係專管伊等之人，臨時已不能約束，而大臣等詢問，伊尚模稜含糊，不肯吐實，著發往熱河披甲。此次莊存與所錄，尚屬秉公，而交卷之人，非鬧場之人可知，著加恩仍准作生員」。尋奏請酌減各直省鄉試官卷中額。諭曰：「前據莊存與條奏，各直省鄉試官卷應酌減中額一摺，隨經蔣溥奏請將官卷裁去，一併歸入民卷，均交大學士、九卿議奏矣。朕昨敬閱聖祖仁皇帝寶錄，內載上諭，令大臣子弟另編字號考試取中，既以肅清弊端，又不致有妨孤寒進取。恭覽之下，仰見皇祖慎重科名、嘉惠士子。立法之始，本為防弊，而彼時諸臣奉行者，不無偏袒子姓親族之見，含糊具奏，分定中額，未免過多，遂使以憐卹寒畯之意，轉成優倖縉紳之路。揆之情理，實未允協。此議減議裁者所由來也。朕思中額貴有限制，而立法務在均平。嗣後各直省鄉試官卷，於現在額中，斟酌公當，大省每二十名取中一名，中省每十五名取中一名，邊省官卷屬本無多，不妨稍寬其額，每十名取中一名。如此辦理，則官卷既免濫取之弊，亦不致有妨孤寒不必去官卷之名，而於制科取士，兼收並採之道，庶為平允。其如何酌量妥辦，無致偏枯，並著大學士、九卿詳議具奏。」旋議定直隸、江南、浙江、江西、湖廣、福建等大省官生二十名取中一名，三十一名取中二名；山東、河南、山西、廣東等中省，十五名取中一名，二十三名取中二名；廣西、雲南、貴州等小省，十名取中一名，十六名取中二名。順天鄉試，滿洲、蒙古、漢軍照小省取中；南北

貢、監，照中省取中，不及額者，歸民卷。從之。又奏磨勘舊例，內筆誤二三字，停會試一科，與字句偶疵，不妨寬貸一條，前後互異，請嗣後字句疵謬，罰停會試一科。筆誤無關弊竇者，免議。又奏：場內經題向例同考官先擬考官書籤掣用，嗣後令考官自擬，以杜同考官代士子豫擬經題之弊。均如所議行。四月，擢禮部右侍郎。

二十四年四月，奏各省優生赴京朝考，請照考試續到拔貢不拘人數之例，一體辦理。從之。閏六月，丁父憂。二十七年正月，服闋補內閣學士。三十三年，命在上書房行走。三十六年三月，充會試副考官，六月，充浙江鄉試正考官。三十七年，命教習庶吉士。三十八年，仍補禮部右侍郎。三十九年，提督山東學政，尋調河南學政。四十一年，丁母憂。四十三年，服闋。四十四年六月，署禮部左侍郎。十月，補禮部右侍郎。四十九年二月，轉禮部左侍郎。五十年八月，命偕禮部尚書德保重輯《律呂正義》。五十一年正月，上以存與年力就衰，予原品休致。五十三年七月，卒。

——《清史列傳》卷二十四第十～十四葉，中華書局民國十七年十二月鋟版。

莊存與傳

《武進縣志》

莊存與，字方耕，柱子。幼入塾，即以古人自期，篤志深邃，窮源入微。嘗曰：「讀書之法，指之必有其處，持之必有其故，力爭乎毫釐之差，深明乎疑似之介，凡以養其良心，益其神智，故其學能究參天人之際，有得於聖人之心。」

乾隆十年，一甲第二名進士，授編修。不數年，晉秩卿貳，迭掌文衡，充天文算法總裁官及樂部大臣，命直南書房，並上書房行走。回翔儀部三十餘年，以禮部左侍郎致仕歸。

存與蕭然儒素，榮利之事，一不干懷。六經四子書皆有撰述，獨悟微言，宏深卓闢，所著凡數十萬言。通其學者，爲門人餘姚邵晉涵、曲阜孔廣森及從子述祖、外孫劉逢祿數人而已。

子逢原，乾隆三十年舉人，全椒縣教諭；通敏，三十七年進士，詹事府左春坊左中允；選辰，四十三年進士，內閣中書。俱能世其家。選辰著有《史攷》若干卷，仿秀水朱氏《經義考》，列爲篇目十二。博采諸家，詳其存佚，末以己意申之。編纂至唐未竟，其業惟刑法一門粗有端緒。孫雋甲，五十一年舉人。歙縣教諭。貴甲、綬甲、襃甲、濤皆有聲膠序，勤學砥行。綬甲以王父所著諸書，多未刊布，研精校讎而遽歿，有《拾遺補藝齋遺書》五卷，與存與書竝次第刊行。

少宗伯養恬兄傳

莊勇成

世系

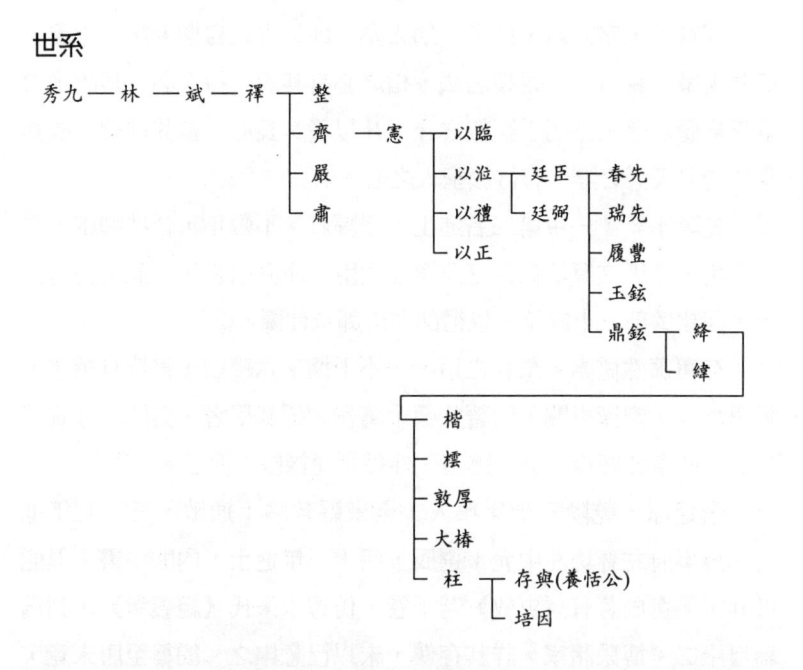

兄諱存與，字方耕，晚號養恬，南邨公長子也。南邨公生二子：長即兄，次為仲淳。並列鼎科，一時有軾轍郊祁之目。兄年十四，隨父任大興，會地震，兄仆書室中，適一僕自外至，仆兄背上，而室亦傾。僕故有力，翼蔽之，得無傷。

年十六，取吳夫人，隨母錢太夫人赴溫，行次處郡，夜泊險灘，錢太夫人偕仲淳別居一舟。從人不戒於火，舟焚，幾不測，兄

倉皇欲過舟救之，失足墮急湍中，得從舟救不死。識者知兄兩遭險難，卒無恙，必為一代偉人，故天默佑之如此。

兄長身玉立，不苟言笑，從幼入塾，即以古人自期。制藝得力於閑汀公。初好金陳采入閫奧，晚喜唐荊川，研經求實用，則肇端於蔣濟航、錢太拙兩先生。其篤志深邃，窮源入微，獨有會心。於漢則宗仰江都，兼取子正、平子；於宋則取裁五子；於明則欣慕念臺、口齋。要其寢食弗諼，則薈萃於六經四子之書。蓋自幼耳濡目染，秉承庭訓，至天文、地輿、算法、樂律、諸子百家，靡不流覽。由於意所篤好，博觀而約取。其得意則高吟劇談，雖聽者欲臥而不止。其沉思則雷霆不聞，晝夜矻矻，必得當而後休。生平無他嗜好，惟喜購買書籍，堆几盈架，所至必攜以自隨。嘗曰：「室中以他物陳設，何如擁書萬卷，以備實用為有益耶！」又嘗云：「讀書之法，指之必有其處，持之必有其故，力爭乎毫釐之差，深明乎疑似之介。凡以養其良心，益其神智。」自署齋中屏聯云「玩經文，存大體，理義悅心；若己問，作耳聞，聖賢在坐。」其居敬窮理功夫，於此大概可見。

乾隆戊午、辛酉，兩試北雍未售。歸購《數理精蘊》一書，覃思推算，至得眩暈疾。凡書至繁賾處，他人或望洋意沮，公必欲如視諸掌而後快。甲子、乙丑，聯捷臚傳一甲第二，授職翰林院編修，時年二十有七。旋乞假省親，家居年餘，日居子舍，敬聽父訓，曰：「吾初服官，所未信處極多，必服膺父訓，事事始得指南。」兄篤志好學而疏於酬應，迄入都就職，不甚當掌院意，散館名次不前，與錢殿撰維城同擬散補外任。汪文端公由敦深知兄務實學，錢亦才敏絕人，亟言於上，二人乃並得留館三年。上見兄所進

經義，宏深雅健，穿穴理窟，又嘗烘香命題試，錢香未半，而詩賦皆就，始信文端所舉不虛，於是散館後皆不次拔擢。上知兄學有根柢，極好深湛之思。可備顧問，命入南書房行走。

初爲鄉會同考官，即爲湖北正副主考官。癸酉冬，由詹事府少詹事授湖南學政，未滿任即陞內閣學士兼禮部侍郎。計自散館後不數年，晉秩卿貳，留館稍遲，而陞遷特疾，遲速若相補然。

歲在甲戌，兄任楚南學使，迎奉錢太夫人於官署，而仲淳弟狀頭之報適至，兄從容問吏可拽旗以表殊恩否？有老吏前跪白云：「昔常郡趙公諱申喬者，於康熙年間爲湖南巡撫，時得公子及第之報，曾於轅門易巡撫旗爲狀元旗三日。今太夫人在署，與前事相符，允宜揭旗以彰盛事。」兄爰入告錢太夫人而從之；迄今楚南稱爲美談。

丙子，兄爲浙江正主試，而弟仲淳爲福建正主試，復命兄即爲順天學政，仲淳亦爲福建學政，一時鼎盛，罕有倫比。兄以一門殊遇，事皆竭誠，無毫髮瞻徇，其自律也甚嚴，其課士也彌愼，立法井井，弊竇悉除。按試八旗，防範周密，所取皆眞才。顧禁其欲而不得肆者，曳白毀卷，不下數十人，鼓譟而出。有御史奏其事，上震怒，立置倡眾者於法，而兄仍留閣學之任，恩眷未嘗稍替。統計前後爲同考者二，主鄉試者四，爲會試總裁者一，爲學政者三，爲香差者一，知貢舉者一，天文、算法總裁官及樂部大臣，派在上書房行走，斅學相得，欽愛尤摯。出任中州學使，皇子皇孫共賦詩寵行，在上書房最久，賜福字豐貂綵緞以及上方珍品食物無算。

乾隆五十年，純皇帝舉千叟會盛典，兄得與焉。賜以詩杖豐貂綵緞等物，稽古之榮，於兄已至。顧或者以兄年未四十，即官禮

部，後逾三十餘年，未嘗一轉他部，晉秩正卿，以是為兄惋。豈知虞廷用人，或教稼，或明倫，或典禮樂，或為士終其身，各任一職，至有世其官者，曷嘗以能眾職為賢否耶？且兄好學，至老不衰，証今考古，探賾索隱，卒為禮樂名臣。然則兄之知遇已隆，而其所得亦既多矣。

兄年六十有八，以禮部左侍郎予告歸里。兄靜氣凝神，手不釋卷，戶外問字之車日集，年登七十，無疾終於家。所著有《八卦觀象篇》、《象象論》、《象傳論》、《繫辭傳論》、《序卦傳論》、《卦氣解》、《尚書既見》、《毛詩說》、《春秋正辭》、《周官記》、《樂說》、《算法約言》等書，皆味道之蘊、抉經之心，凡如干卷。通計不下數十萬言，皆藏於家。我朝經學昌明，篤生好古之儒，闡發經蘊，為世指南，必有好學深思、心知其意者，群起而力振之，行見兄之書以次刊布，流傳天壤間，此又天實主之，非關人力所能揚抑也。

生子三：長逢原，乙酉舉人，全椒縣教諭；次通敏，壬辰進士，歷官詹事府左春坊、左中允；次選辰，戊戌進士，甲辰南巡召試，授內閣中書。孫五人：通敏子雋甲，丙午中式，餘皆有聲黌序，勤學砥行，其謙和醇謹，望而知為南邨公後裔。南邨公訓誨子孫，動循禮則，未嘗遽加聲色。養恬兄尤見嚴切，自京歸里，道出山陽時，長子逢原為教諭，迎迓舟次，侍立良久，應對小有訛錯，即命長跪，得吳夫人為之寬解，乃命起立。父兄之教能先，子弟之率能謹，於養恬開美尤見古人家範焉。乾隆歲次乙卯仲春，弟勇成譔。

——《毘陵莊氏族譜》卷二十《傳記·家傳》。

資政大夫禮部侍郎武進莊公神道碑銘

龔自珍

　　卿大夫能以學術開帝者，下究乎群士，俾知今古之故，其澤五世十世；學足以開天下，自韜污受不學之名，爲有所權緩亟經重，以求其實之陰濟於天下，其澤將不惟十世；以學術自任，開天下知古今之故，百年一人而已矣。若乃受不學之名，爲有所權以求濟天下，其人之難，或百年而一有，或千載而不一有，亦或百年數數有。雖有矣，史氏不能推其迹，門生、學徒、愚子姓不能宣其道，若是，謂之史之大隱。有史之大隱，於是奮起不爲史而能立言者，表其灼然之意，鉤日於虞淵，而懸之九天之上，俾不得終隱焉而已矣。

　　大儒莊君，諱存與，江南武進人也。幼誦六經，尤長於《書》，奉封公教，傳山右閻氏之緒學，求二帝三王之微言大指，閔秦火之鬱伊，悼孔澤之不完具，悲漢學官之寡立多廢，懲晉代之作僭與僞，恥唐儒之不學見絀，大笑悼唐以還學者之不審是非，雜金玉敗革於一衍，而不知賤貴，其罪至於褻帝王，誣周、孔，而莫之或禦。蓋公自少入塾，而昭昭善別擇矣。既壯，成進士，閻氏所廓清，已信於海內，江左束髮子弟，皆知助閻氏；言官學臣，則議上言於朝，重寫二十八篇於學官，頒賜天下，考官命題，學僮諷書，僞書毋得與。將上矣，公以翰林學士，直上書房爲師傅，聞之，忽然起，逌然思，鬱然歎，憮然而寤謀。方是時，國家累葉富厚，主上神武，大臣皆自審愚賤，才智不及主上萬一。公自顧以儒

臣遭世極盛，文名滿天下，終不能有所補益時務，以負庥隆之期，自語曰：辨古籍眞僞，爲術淺且近者也，且天下學僮盡明之矣，魁碩當弗復言。古籍墜湮十之八，頗藉僞書存者十之二，帝胄天孫，不能旁覽雜氏，惟賴幼習五經之簡，長以通於治天下。昔者〈大禹謨〉廢，「人心道心」之旨，「殺不辜寧失不經」之誡亡矣；〈太甲〉廢，「儉德永圖」之訓墜矣；〈仲虺之誥〉廢，「謂人莫己若」之誡亡矣；〈說命〉廢，「股肱良臣啓沃」之誼喪矣；〈旅獒〉廢，「不寶異物賤用物」之誡亡矣；〈冏命〉廢，「左右前後皆正人」之美失矣。今數言幸而存，皆聖人之眞言，言尤疴癢關後世，宜貶須臾之道，以授肄業者。公乃計其委曲，思自晦其學，欲以借援古今之事勢，退直上書房，日著書，曰《尚書既見》如干卷，數數稱〈禹謨〉、〈虺誥〉、〈伊訓〉，而晉代剟拾百一之罪，功罪且互見。公是書頗爲承學者詬病，而古文竟獲仍學官不廢。

公中乾隆乙丑科進士，以一甲第三名，授翰林院編修，屢遷至禮部右侍郎，誥授資政大夫。周時有仕爲漆園吏，著書內外篇者，其祖也。曾祖諱某，祖諱某，考諱某，妣氏某，皆封如公官，妣封夫人。子□人，某、某。述祖以文學最有聲。孫□人，某、某，綏甲最有聲。公以乾隆〔五十三〕年卒於官，年〔七〕十有□。以嘉慶□年葬某山某原。公它所著尙有《周官記》六篇。公性廉鯁，典試浙江，浙巡撫餽以金，不受，遺以二品冠，受之。及塗，從者以告曰：冠頂眞珊瑚也，直千金。公驚，馳使千餘里而返之。爲講官日，上御文華殿，同官者將事，上起，講儀畢矣。公忽奏，講章有舛誤，臣意不謂爾也。因進，琅琅盡其指，同官皆大驚。上竟爲少

留，頷之。是二書者，於公爲細節。謹附書。

銘曰：大儒莊君既亡，粵嘉慶二十有三年，綏甲始爲書測君志，以告綏甲友，其友籀其詞，肯銘，乃克銘君於武進之阡。

> 「嘉慶戊寅，莊君綏甲館予家，一夕言其祖事行之美，且曰碑文未具。是夕，綏甲夢見公者再，若有所託狀。明日，綏甲以爲請。越己卯之京師，識公之外孫宋翔鳳，翔鳳則爲予推測公志如此。越壬午歲不盡三日，始屛棄人事，總群言而刪舉此大者以報，自記。」❶

—— 《龔自珍全集》第二輯第一四一～一四三頁，中華書局一九六一年版。

---

❶ 吳昌綏手校本，將篇後自記稍加改竄云。「戊戌歲，莊卿珊館定公家，爲言其祖莊公存與事行之美，且曰碑文未具。己卯，定公至京師，識莊公外孫宋于庭，復爲推測公志。至歲不盡三日，始屛人事，總其群言而刪舉其大者，撰《莊公神道碑銘》」。王文濡校編本遽以爲吳批，失據。茲據自刻本補此（中華書局本原注）。

禮部侍郎莊公小傳

臧　庸

公姓莊氏，名存與，字方耕，江蘇武進人，乾隆乙丑榜眼，官禮部左侍郎。五歲，就塾讀書，目數行下。年十二，京師地震，屋傾壓重牆下掘土五六尺許始得，耳目閉塞良久方出聲。力探經史、性理、百家。從舅氏錢公某講肆，平生學業始基此。

戊午，下第歸，研究算學，忘寢食，因得眩暈疾。戊辰散館列二等，仍留教習。奉諭旨云：「閉戶讀書，留心經學」。一時驚爲儒臣異數。

出典浙江試，兩典湖北試，督學順天、河南。壬申會試同考官。辛卯副總裁。甲辰知貢舉，壬辰教習庶吉士，查察槍手傳遞、頂冒諸弊極嚴密。所按次弟肅清，覘覦者望風斂戢，士心益勵。奉旨清釐順天士籍有寄託者，改歸原籍，逾限除名。奏請暫停。南北歲科，據本生自首姓名，一咨禮部，一行文各布政司，轉行各州縣，親族里鄰切結，由司轉覆到後，始准咨回本省學政。奉旨准行。訓士子告語諄懇，必以敦本業崇實行爲勗。

在上書房行走，卯入申出，寒暑無閒。皇子時親講說，愛敬日深。任禮部講求會典舊章，遇祭祀、朝會、宴享諸大事，敬謹襄贊勿懈，數十年如一日。

治家嚴而有法，不苟言笑，於世俗聲華、玩好之屬，澹然無所嗜。性清介，嚴取予，謹然諾，飲食衣服刻苦自持。奉差使所過食用必自治，并戒僕從，不勤館人，故所涖下車輿頌翕然。教子孫持

家範，勿令稍染時趨，接物中正平易，人亦無敢干以私者。家居宇舍精潔，器物整齊，書籍時親檢點，勿使稍有參錯。

幼稟庭訓，習朱子、小學《近思錄》，長益沈潛經義，誦詩讀書，惟以知人論世爲準。故所造洪博深邃，莫測其涯涘。若天文、輿地、河渠、水利、律呂、算數之學，莫不覃思殫究，口吟手披，率至夜分始就寢。謂學以養其良心，益其神智，須旁廣而中深，始能囊括群言，發其精蘊。又云：「讀書之法，指之必有其處，持之必有其故，力爭乎毫釐之差，深明乎疑似之介」。嘗自署齋聯云：「玩經文，存大體，理義悅心；若己問，作耳聞，聖賢在坐」。其平生得力語也。

所著有《八卦觀象篇》、《彖象論》、《象傳論》、《繫辭傳論》、《序卦傳論》、《卦氣解》、《尙書既見》、《毛詩說》、《春秋正辭》、《周官記》、《律譜》、《六樂解》、《九律解》、《聲應生變解》、《成律合聲論》、《審一定和解》、《天位人聲地律解》、《合樂論》，定黃鐘之聲及其徑論律書，解琴律，解瑟音，論算法約言等書藏於家。《易》主朱子本，《詩》宗《小序》、《毛傳》；《尙書》則兼治古今文；《春秋》宗《公》、《穀》義解；三《禮》采鄭注而參酌諸家。病中猶時時背誦經書不置。

乾隆五十三年卒，年七十歲。子三人：逢原，乙酉舉人，山陽縣學訓導；通敏，壬辰翰林，詹事府左春坊左中允；選辰，戊戌進士，甲辰召試，授內閣中書，先卒。孫六人。

贊曰：庸堂少從公之從子葆琛進士問學，嘗一見公，自慚謭陋，未敢有所質也。後讀公《尙書既見》，歎其精通浩博，深知大

義。章句小儒，末由問津矣。近者，孫伯淵觀察撰輯經學淵源，綠屬庸堂徵采事狀，因從公子孫索誌銘家傳等勿得，得其家行述，於是撰掇其學行大略，著小傳以俟觀察裁錄焉。公之學行，近世蓋僅見，安得盡讀公之遺書爲快乎？

——閔爾昌：《碑傳集補》卷三

莊先生述祖行狀

宋翔鳳

> 曾祖諱絳，增監生，贈光祿大夫。曾祖母陸氏、董氏，俱贈
> 一品夫人。
> 祖諱柱，雍正丁未進士，歷官浙江海防兵備道，贈光祿大
> 夫。祖母錢氏，累贈一品夫人。
> 父諱培因，乾隆甲戌進士，歷官翰林院侍講學士。母彭氏，
> 例封恭人。

先生姓莊氏，諱述祖，字葆琛。所居室曰「珍藝宦」，學者稱珍藝先生。先世自金壇遷常州府武進縣，遂爲常州望族。五世祖廷臣，明天啓中官上荊南道，阻魏閹建祠，終湖廣左布政使。其後兩世入本朝，皆不仕兵備，公始通籍學士。公與兄禮部侍郎存與，並以文行得上第，名重朝列。學士公早歿，先生甫十歲，居喪如成人。時伯父侍郎公於五經皆有論說，彭恭人之季弟二林先生爲文精深，先生皆取法焉。

弱冠娶侍郎倪公承寬女，凡族黨故舊皆通顯要津，未始染奔競之習。

乾隆丁酉，以官卷中江南鄉試。庚子，成進士。相國阿桂公以先生故人子，欲羅致之，避嫌不往謁。時和相用事，阿公之門下士稍稍去，亦以是疑先生，殿試卷已擬進呈，後卒置十卷。後引見，歸班銓選，先生遂歸，奉母以居。

先是，於經學之外，製詩賦詞章甚富，以不入翰林，遂棄去，從事小學，治許氏書，以先求識字，謂六書之義，轉注諧聲最繁，而無定說。用《爾雅》之例，編《說文轉注》；用《廣韻》例，又博考三代、秦、漢有韻之文，編《說文諧聲》。《說文》之學，以是遂明，而周、秦之書無不可讀者。遂校《逸周書》，解《夏小正》，詩書次第皆有譔箸，而部檄至謁選得甘肅崇信縣，以親老例改山東昌樂縣。

辛亥六月之任，逾年調濰縣。明暢吏治，刑獄斷罪，堂皇坐決，不假幕客，勘有失當，治豪猾皆斂迹。前官交倉庫有缺，輒撙節以補之，大吏則恭敬以事之。時時以老母爲念，不敢矯激以貽憂也。治濰五年，尤培獎士林，邑人韓公復守濂洛之說，意氣傲岸。先生禮敬如父，執諸生傅廷蘭寒士修謹，以孝廉方正薦於大府，於童子試，所識拔登科第者相繼，兩充同考官，所薦皆經術士，亦輒以經義斷事，嘗勘鹽埼廢地，詢之耆老不能辨，或請嘗土味鹹甘以別之，先生笑曰：「吾能徧食塊，爲若曹辨鹽埼耶？頃吾見田閒有生馬帚草者，馬帚荓也，即王蒵之類。夏時始於王蒵秀終於荓秀，其草蒵者宜麥，其草荓者宜禾，此等出秀之地，不準鹽埼。」耆老皆服。

甲寅歲大計以卓異薦，引見。奉旨交軍機處記名。同時記名者，必候和坤門叩頭橋前，獨先生與雲南知州屠君紳不往。屠君以知州陞通判，實則降一階。先生記名籤爲和坤所徹。今上親政，章京有知其事者，始補入，而先生已乞終養矣。以進士家居時，梁階平相國欲使應召試官山東時，畢秋颿撫部欲以府同知題薦，皆辭不就。蓋非淡於榮進，恐以奔競之習喪所守也。

　　嘉慶丁巳歲，奉彭恭人歸里，色養箸書，未嘗一日離左右，凡十六年。彭恭人九十一歲，於壬申冬壽終。先生已六十有二，居喪毀瘠，舉殯時，路旁見者無不動色。終練祥疏食水飲，乃自號曰「檗齋」，里居未嘗謁州府，亦不以書問通當路，不與鄉人酒食之會。然有荒災振恤之事，當處乏時，貸屋百金助振，以勸鄉黨，未嘗遺餘力也。後生以學問就正，諄諄誨誘，未嘗有所隱也。

　　嘗云「吾諸甥中，劉申受可以為師，宋虞廷可以為友」。翔鳳先母為先生女弟，己未歲歸寧，命翔鳳留常州。先生教以讀書稽古之道，家法緒論，得聞其略。先生譔《夏小正經傳考釋》以斗柄南門。織女記天行之不變，以參中火中紀日度之差。又据二月丁卯斷夏時以正月甲寅啟蟄為歷元。解歲祭為郊，萬用入學為明堂之祭。凡讀正經傳，皆博稽載籍，精思而得之，而夏時顯矣。又選《古文甲乙篇》，謂許氏始作偏旁條例，以序文字，始於一，終於十，日十二辰，此六書之條例所從出，合於《爾雅》歲陽歲名以明十二支藏遁之法，有歸藏之義焉。凡天地之數、日辰、干支，在黃帝世大撓作之隸首紀之沮誦，倉頡名之以書契易結繩，故伏羲畫八卦之後，以此三十二類為正名百物之本。故《歸藏》，黃帝《易》也，古籀條例皆由此出。凡許書所存及見於款識者，分別部居，各就條理。晚年常為口號曰：「慣看模黏字，尚攻穿鑿文」。亦紀實也。

　　時從兄子綏甲日從講論，得之最詳。其摹寫鐘鼎彝器釋文，皆出於子又朔手。翔鳳為四方之遊者十年於茲，每於翻書中間，先生發明歸藏之說，因思《歸藏》首坤，坤辟亥，亥王甲之所藏也。則六壬六甲之占，皆本於《歸藏》，惜僅存於術家。得先生之說而闡繹之，坤乾之義佚而後存，夏時之等微而後顯。同時王給事念孫作

《廣雅疏證》，段大令玉裁作《說文正義》，每采先生之說，歎爲
精到，不知其尙爲微文碎義，非眞至者也。所校古書，有據意改
者，證之舊本無不合。故今本《白虎通》引《書·無逸篇》曰：
『厥兆天子爵』，校改爲《書》逸篇。盧學士文弨采入刻本中。江
方正聲深爲譏笑。其後盧君又得宋、元本，皆作《書》逸篇，江君
始悔其說。今本《列女傳》「文王太姒」條：乙去數行以爲後人羼
入，後吳門顧氏得宋本，則無此數行。臧文學庸歎服焉。

所著有《尙書古今文授讀》四卷、《尙書記章句》一卷、《尙
書古今文考證》一卷、《尙書雜義》一卷、校《尙書大傳》三卷、
校《逸周書》十卷、《書序說義考注》二卷、《毛詩授讀》三十
卷、《毛詩口義》三卷、《毛詩考證》四卷、《詩紀長編》一卷、
《樂記廣義》一卷、《左傳補注》一卷、《穀梁考異》二卷、《五
經小學述》一卷、《五經疑義》一卷、《特牲饋食禮節記》一卷、
《論語集解別記》二卷、《明堂陰陽、夏小正經傳考釋》十一卷、
《明堂陰陽記長編》十卷、《古文甲乙篇》四卷、《甲乙篇偏旁條
例》二十五卷、《說文古籀疏證》二十五卷、《說文諧聲考》一
卷、《說文轉注》二十卷、《鐘鼎彝器釋文》一卷、《石鼓然疑》
一卷、《聲字類苑》一卷、《弟子職集解》一卷、校正《列女傳》
凡首一卷、校正《白虎通》別錄三卷、《史記決疑》五卷、《天官
書補考》一卷、校定《孔子世家》一卷、《歷代載籍足證錄》一
卷、《漢鐃歌句解》一卷、《詩集》三卷、《文集》四卷。

嗚呼！使先生宦達至卿相，當治太平之世，亦不過夕稽朝考，
守象魏之法。自公退食示委蛇之度而已。惟浮沈下位久而歸於寂寞
之鄉，抱其明智通辨之材，以日與古人相接，則古人之所言所行

者，若或見之，若或語之，關鍵開閉絕續淵源，一人之身，以彼易此，不已大哉！癸酉歲仲夏，疾病作，遺命告其子又朔等曰：「吾年過六旬，尚何戀戀於人世耶？吾不幸十歲而孤，不及奉過庭之訓，蒙諸兄善誘，略知文學。三十後成進士歸，孜孜者近十年，疾病憂患，時擾阻之。四十後，始歷仕途，無所樹立，終身抱媿。晚欲銳力於少年未竟之業，借此以贖愆尤，為學益勤，為心愈苦，此汝等所目擊也。今所造就，僅有一知半解，亦為吾畢生倀倀何之之故，欲與汝等稍指迷途，汝等若不知措意，此皆塵煤煙爐而已，何足道哉！吾去後，汝等兄弟務須同心敬事寡嫂。吾附身之事止用隨時舊製，不必臨時搶攘，徒益煩費。逾月即葬，每日供飯一盂、水一盞，香一炷足矣。柩出門即就舟，不必招搖道路，塗人耳目。凡以七數日拘忌陰陽及延僧道作法事，皆宜屏絕。我非排斥異教，但無益之為生死兩累，吾善吾生，即善吾死，豈他人所能代我懺悔耶？汝等能守尊祖父家規，克勤克儉，或耕或讀，皆不失為清白子孫。若妄作妄為，自取罪戾，祖先亦不能佑汝也。勉之戒之！」後病少閒，又五年卒於家。

先生生於乾隆十五年十二月十三日午時，卒於嘉慶二十一年六月二十三日午時，年六十有七。賜進士出身，歷官山東昌樂縣知縣、濰縣知縣卓異，候陞署曹州府桃源同知。壬子、乙卯，山東鄉試同考官。配倪氏，側室吳氏。子男八人，廉甲能文，有孝行，早亡。又朔、震甲、安說、循博、揆甲、曾佑、佺齡。女四人：長適無錫諸生華邦變，餘未嫁。

先生既歿數月，孤子又朔等將卜葬於德澤鄉前橋之原，以書并行略來屬；點次將迄，銘於先生之故交。竊以先生之學行不賴他人

之文以傳也。正恐後生無塗以求其說，又恐論世者久而失其序，如翔鳳之所聞，識者又朔已不能詳，則烏可以不書，遂次第言行之要，與又朔所撰俱存之，以俟采擇。外甥長洲宋翔鳳謹狀。

——錢儀吉：《碑傳集》卷一〇八。

莊珍藝先生傳

李兆洛

世系

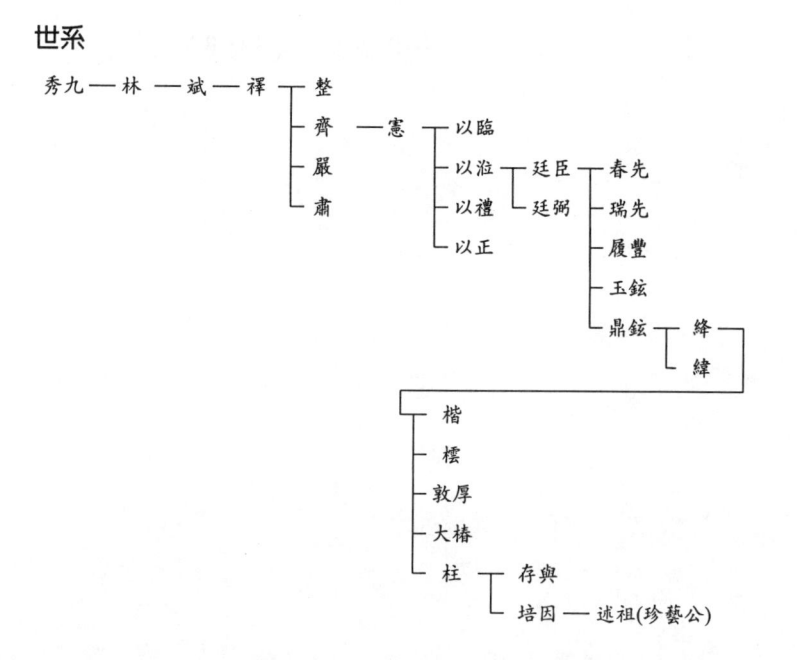

先生姓莊氏，名述祖，字葆琛，先世自金壇遷常州武進縣，遂著籍。五世祖廷臣，天啓中名臣，終湖廣左布政。祖柱，贈光祿大夫、浙江海防兵備道。父培因，翰林院侍講學士。世父存與，禮部侍郎。

先生十歲而孤，力學自守，不屑榮利。乾隆四十二年，中江南鄉試。逾三年，成進士。歸班銓選久之，選山東昌樂縣，旋調濰

縣，明暢吏治刑獄，得中豪猾歛跡，嘗勘釐地，眾以爲斥鹵也，先生指路旁草問何名？曰：「馬帚。」先生嘆曰：「此於經名荓，夏正以荓秀記時，凡沙土草荓者宜禾，何謂釐？」眾皆服。

五十九年，以卓異引見，攝曹州府桃源同知。不一月，請終養。

嘉慶二年歸，著書色養者十六年，未嘗一日離左右。二十一年六月二十三日卒。侍郎公博通六藝，高朗闊達，於聖人微言奧義，能深探而擴言之。先生淵源既邃，益研求精密，於世儒所忽、不經意者，蹈閒覃思，獨闢戶牖，以爲《連山》亡而尙存夏小正，《歸藏》亡而尙存倉頡古文，略可稽求義類，故著《夏小正經傳考釋》以斗柄南門織女記天行之不變，以參中火中記日度之差，以二月丁卯知夏時以正月甲寅啓蟄爲歷，元歲祭爲郊，萬用入學爲禘，博覽載籍，精思而串貫之，著《古文甲乙篇》，謂許叔重始一終亥，偏旁條例，所由出日辰干支，黃帝世大撓所作沮誦，蒼頡名之以易結繩，伏羲畫八卦，作十言之教之後，以此三十二類爲正名百物之本。故《歸藏》爲黃帝《易》。就許氏偏旁條例，以幹支別爲序次。凡許書所存，及見於金石文字者，分別部居，各就條理，皆義理宏達，洞見原本。於五經悉有所撰著，旁及《逸周書》、《尙書大傳》、《史記》、《白虎通》，凡舛句、訛字、佚文、脫簡，易次換第，草薙胘補証，據疎通，靡不精確。所著三十七種，計百餘卷，惟《夏小正》已具甲乙篇，未竟而條理粗備，俟有志者成之。餘皆啓其端緒，引而申之者存乎其人焉。

　　　　——《毘陵莊氏增訂族譜》卷二十一，又見《養一齋文集》。

故禮部儀制司主事劉先生行狀

戴 望

　　先生諱逢祿，字申受，……先生弱不好弄，母氏誨之學，必舉所聞於外王父侍郎莊公，以糾俗師謬說。年十一，初謁侍郎公，叩以所業，應對如響，歎曰：「此外孫語能傳吾學」。十三而群經及周、秦古籍皆畢，嘗讀《漢書·董仲舒傳》而慕之，迺求得《春秋蕃露》，知爲七十子相傳大義，遂發憤研《公羊》何氏《解詁》，不數月，盡通其條例。從舅莊先生述祖自濟南解官歸，與語群經家法，大稱善。時莊先生有意治《公羊》，遂輟業。先生復從受「夏時」等例及六書古籀之學。莊先生嘗曰：「吾諸甥中，若劉甥可師，宋甥可友也」。

　　嘉慶五年，年二十有五，舉拔貢生，旋入都應朝考，時文定公及世父侍郎故舊徧京師，先生不往干謁，唯就張編修惠言問虞氏《易》，鄭氏三《禮》，竟以此被黜。十一年，舉順天鄉試中式，座主孔編修昭虔，故世治《公羊春秋》，得先生卷，大驚，國士遇之。十九年，成進士，授翰林院庶吉士。踰年散館，改授禮部主事。道光四年，補儀制司主事，在部十有二載，每有大疑，先生輒援古事，據經義以決之，非徒簿書期會，如胥史所職而已。

　　當仁宗睿皇帝升遐，先生居署治大喪檔案，以喪紀爲禮之極，大喪爲國家萬事根本，盡瘁其事，成《庚辰大禮記註長編》十二卷。自始事以訖奉安山陵，典章備具，其後承修宮書，遂全用其稿。明年，仁宗升配，奉旨圜丘享位，三昭三穆，餘地似少，命大

學士及九卿詳議。先生書上尙書王文簡公，請復古禘祫之禮，事不果行。……

　　先生引經決事，傚法先漢諸儒，其爲學務通大義，不專章句，由董生《春秋》闚六藝家法，由六藝求觀聖人之志。嘗謂世之言經者，於先漢則古《詩》毛氏，後漢則今《易》虞氏，文詞稍爲完具。然毛氏詳古訓而略微言，虞翻精象變而罕大義，求其知類通達、微顯闡幽者，則《公羊》在先漢有董生，後漢有何劭公氏，子夏〈喪服傳〉有鄭康成氏而已。先儒之學，務乎大體，故董生所傳非章句訓詁之學也。後漢條理精密，要以何劭公、鄭康成氏爲宗，然〈喪服〉於五禮特其一端，《春秋》文成數萬，其旨數千，天道浹，人事備，以之貫群經，無往不得其原。以之斷史，可以決天下之疑；以之持身治世，則先王之道可復也。於是尋其條貫，正其統紀，爲《公羊春秋何氏釋例》三十篇。又析其凝滯，強其守衛，爲《箋》一卷、《答難》二卷。又推原穀梁氏、左氏之得失，爲申河難鄭四卷。又斷諸史刑禮之不中者，爲《議禮決獄》四卷，又推其意爲《論語述何》、《夏時經傳箋》、《中庸崇禮論》、《漢紀述例》各一卷，其雜涉蔓衍者，別有《緯略》二卷、《春秋賞罰格》一卷。愍時學者說《春秋》皆襲南宋俗儒直書其事，不煩褒貶之詖辭，獨孔檢討爲《公羊通義》，能抉其蔽，然尙不能信三科九旨爲微言大義所在，乃著《春秋論》上、下篇，以張聖權……更成《左氏春秋考證》二卷，知者謂與閻、惠之辨《古文尙書》等。先生於《易》主虞氏，於《書》匡馬、鄭，於《詩》初尙毛學，後好三家，有《易虞氏變動表》、《六爻發揮旁通表》、《卦象陰陽大義》、《虞易言補》各一卷，又爲《易象賦》、《卦氣頌》，撮其

旨要，文繁不載。《尚書今古文集解》三十卷、《書序述聞》一卷、《詩聲衍》二十七卷，少作《毛詩譜》三卷、《詩說》二卷、《甘石星經疏證》二卷、輯《石渠禮議》一卷，所爲詩賦連珠論序，碑記之文約五十卷。

道光九年八月十六日丁丑，卒於官，春秋五十有四。配潘恭人，有賢行，前先生卒。子八人：承寬、承寵、承向、承宴、承宣、承實、承安、承宇。承寵、承宴才而早沒，承宇殤，存者承寬，承向最有名；孫某某，開孫、懌最有名。葬於某鄉某原。弟子潘準、莊繢澍、趙振祚皆從學《公羊》及《禮》，振祚，先生甥也；當世顯學如龔禮部自珍、魏知洲源亦皆從先生問故，稱親炙學者焉。……自《公羊》先師邵公而後，聖經賢傳蔽錮二千年，徐彥、殷侑、陸佃、家鉉翁、黃道周、王正中咸相望數百載，雖略窺恉趣，未能昭揭，迨所聞世，莊侍郎、孔檢討起而張之，至於先生，干城禦侮，其道大光，使董、何之緒幽而復明，殆聖牖其衷，資瞽者以詔相哉！望初溺《左氏》，自謁吳宋先生，詔以先生遺書，狃於習俗，未能俗也；其後宋先生沒，望避難窮山中，徐徐取讀之，一旦發寤，於先生及宋先生書若有神詬，迥然於吾生之晚，不獲侍先生也。及客游金陵，與先生賢孫開孫遇，其學行悉本先生之舊，德量淵然，有黃憲、郭泰之風，於以歎先生之澤孔長也。望既慕先生之學，受取其家行述，參諸遺書，私爲之狀，詞繁而不殺，以冀它日之爲史官而知學者筆削焉爾。謹狀。

——戴望：《謫麐堂遺集》文第二十一～三十二葉。

禮部劉君傳

李兆洛

道光九年八月十六日，劉君申受卒於京師，春秋五十有六。訃至，哭之慟。嗚呼！吾鄉一意志學，洞明經術，究極義理者，同輩中遂無人矣，來者將安所儀型哉！

君，文淵閣大學士文定公之孫，召試一等、賜中書卣于先生之子，禮部侍郎諱存與莊公之外孫。文定公偉量碩德，爲熙朝名相，入祀賢良祠。禮侍公鴻識卓學，甄綜天人，經緯聖哲，君實克承內外淵緒，始終條理，山宣而澤鐘之，年才中身，位不副望，殄瘁之痛，胡可言之。

君生乾隆四十一年九月十二日，生十八年補弟子員，二十五中拔萃科，三十二舉順天鄉試，三十九始成進士，入翰林，散官改用禮部，旋補儀制司主事，在官者歷十有二年不遷，簿書期會，敦肅恪共如一日。君貌不逾中人，而美若冠玉，容止溫肅，吐屬謙謹，其於學務深造自得。禮侍公兼通五經，各有論述，著《春秋正辭》，涵濡聖真，執權至道，取資三傳，通會群儒，君乃研精《公羊》，探源董生，發揮何氏，成《釋例》三十篇，以微言大義刺譏褒諱抑損之文辭，洞然推極屬辭此事之道。又成《箋》說、《答難》、《決獄》等凡十一書，自漢以來，未嘗有也。中交張翰林皋文，共通虞氏《易》，爲《六爻發揮旁通表》、《虞氏易變動表》、《卦象陰陽大義》、《易言補》、《易象賦》、《卦象頌》凡五卷。又旁求之於《書》，掇拾殘缺，兼蒐眾說，爲《古今文尚

書集解》三十卷，又旁求之於《詩》，病古韻未有專書，近人推演邃密而收字不全，入聲分配無准，爲《詩聲演》二十七卷，皆創通奧域，遂於大道，句萌新意，鬯達柯幹者也。又以餘力及九章小學，成書數卷，取《史記·天官書》及甘石《星經》爲之疏證，成書數卷。又欲仿《經典釋文》之例，存異文古訓，爲《五經考異》，已就兩經而未成。其在官，凡同列有疑不能決者，爲引經義別白之，已而公卿亦多就問所疑，無不據經決事，有董相風。在官有《庚辰大禮記注長編》十二卷、《春闈雜錄》一卷、《東陵勘地圖說》一卷、《石渠禮論》一卷，悉事言翔實，疏證確審。

　　大抵君之著書，不泥乎章句，不分別門戶，宏而通，密而不繙其大宗也。選定《八代文苑》四十卷、《唐詩選》四十卷、《絕妙好辭》二十卷、《詞雅》四卷、自著詩文集八卷，大都所手輯，及著幾二百餘卷，精力可謂過人矣。

　　配潘恭人，前君二月卒。子八，存者四：承寬，嘉慶丙子舉人；承向、承實，俱監生；承安，縣學生。其次子承寵，嘉慶己卯舉人，有雋才，先君卒。承宴、承宣、承宇，俱早歿。

　　李兆洛曰：予弱冠即與君相知，愛君孜孜從事《公羊》家言，予淺陋，極知其學之正而不能從問業，又時出不經語相難，君俯仰唯諾，未嘗折之，亦未嘗以語於人，予甚媿焉。比從宦，日疏闊，見其成者《公羊釋例》、《虞氏易表》數通而已。餘所成者多在服官後十數年間，想亦嘿不自得，而以深思博綜銷其歲月耶？宜其年壽之不永也。君勤於取資，當世有名人莫不降心下問。後輩一業之善，即引與朝夕，又宜其所成之過人也。漢〈儒林傳〉稱：董仲舒通五經，善持論，能文辭。又云：仲舒弟子遂者，惟東平嬴公守學

不失師法。君雖未肯抗行仲舒，以視嬴公，固有餘矣。

　　——李兆洛：《養一齋文集》卷一四第一～三葉；收
　　　　入繆荃孫《續碑傳集》卷七二。

先府君行述

劉承寬

　　府君諱逢祿，字申受，亦字申甫，號思誤居士。先世當明洪武初自鳳泗駐防常州，是爲西營劉氏。自高曾以上，詳府君所爲先中書公行狀。祖文定公，諱綸，舉乾隆丙辰博學鴻詞科，仕至文淵閣大學士、軍機大臣、太子太傅，入祀賢良祠。文定公娶于許，有子三人。長乾隆戊子舉人，廣西南寧府同知，諱圖南；次乾隆丙戌一甲三名進士，官工部左侍郎，諱躍雲；其季諱召揚，字卣于，乾隆甲辰召試第一，授內閣中書，棄官家居。爲文定請建專祠，庀祭器置墓田，終身不仕，即府君考也。娶禮部侍郎莊公存與之女。初殤二子，禱於都城三聖庵，感異夢而生。府君弱不好弄，每夜分在家塾，非召不入內，既入而莊太恭人尚口授《楚詞》、古詩，雖就枕不輟。

　　年十一，嘗從母歸省，時宗伯公予告歸里，叩以所業，應對如響。歎曰：「此外孫必能傳吾學」。十三歲而十三經及周、秦古籍皆畢，嘗讀《漢書》董江都傳而慕之，乃求得《春秋蕃露》，益知爲七十子微言大義，遂發憤研《公羊傳》何氏《解詁》，不數月，盡通其條例。

　　年十有八，補府學生。踰年，從舅莊先生述祖自濟南乞養歸，與語群經家法，大稱善。時莊先生有意治《公羊》，遂輟業。府君復從受夏時等例、及六書古籍之學，盡得其傳，學益進。莊先生嘗曰：「吾諸甥中，若劉甥可師，若宋甥可友也」。

　　嘉慶五年，年二十有五，學使錢公賞其文，以廩生拔貢，時與同邑李申耆先生齊名，號「常州二申」。年二十有七，入都朝考。時文定公及伯父侍郎公故舊徧京師，府君閉戶不往，初試一等第三，復試竟不第。始識張先生惠言于都，與談《周易》三《禮》之學，旋省親于山東書院而歸。踰年秋，聞訃奔喪，至濟南扶櫬歸里，貧不克舉葬。

　　乙丑，年三十歲，服闋應聘，主兗州講席。明年歸，力營葬事，相度經年，始得地於邑之東北鄉，旋搆訟不克葬。明年丁卯，舉順天鄉試，編修孔先生昭虔故世治《公羊春秋》者也，得府君卷，大驚。座主戴文端公、桂文敏公、蔣少司農皆國士遇之。明春會試下第，方歸營葬，復丁內艱，治喪悉應禮經。是冬，始克合葬。府君以名門之子，早負重望，屢困場屋。又拙謀生，喪葬之事，稍載瘁瘏。兩浙、廣陵連年旅食，尚以其修脯之餘葺祖祠，嫁季妹，心力交竭，而學古求道益不衰。

　　甲戌，年三十有九，始成進士，房師程先生祖洛手錄其經策以出，總裁則章又簡公、周太司空、王大宗伯、寶少司空也。殿試二甲，朝考入選，改庶吉士。是秋，乞假南歸，在籍二載。丁丑散館，改禮部主事。

　　道光四年，補儀制司主事，在部十有二載，凡簿書期會，胥史所職者，府君無以踰人。至於據古禮以定今制，推經義以決疑難，若嘉慶二十五年，睿皇帝升遐，府君居署數旬，晝夜討論，口諮手錄，因成《庚辰大禮記註長編》十二卷，自始事以至奉安山陵，典章備具，體例謹嚴，其後承修官書，遂全用其稿。明年，仁宗升配，奉指圜丘享位，三昭三穆，餘地似少，命大學士及禮部詳議。

府君擬上書大宗伯，既而失稿，止別存禘議，藏于家。又嘉慶二十二年，安徽巡撫咨稱，某州民伯仲共一子，各爲取婦，而仲之婦仍無出，將繼其伯之次孫爲仲嗣，欲令其服所嗣祖母承重服及母服，乃以財予之，其當嗣之兄弟皆不可，乃請之州府，州府以仲爲伯子所別取之婦，係中表聯姻，難謂妾媵，持不能決，咨請部示，部中欲引慈母如母之律以許之，否則或令其子爲仲妻若婦，持祖母及叔母之服，府君再立駁稿，析義至精，問司無以難，其案始定，若集中禮無二適議是也。……

道光四年，河南學臣請以湯文正公斌從祀聖廟，議者以湯公康熙中在上書房獲譴，乾隆間曾經奉駁難之。府君執筆曰：「后夔典樂，猶有朱均、呂望陳書，難匡管、蔡」。汪文端善而用之，遂奉俞旨。

本年七月，越南貢使陳請爲其國王母乞人葠，得旨賞給，而諭中有『外夷貢道』之語，其使臣欲請改爲「外藩」。部中以詔書難更易而拒之；又恐失遠人心。府君乃爲牒復之曰：「案《周官·大司馬》職方氏，王畿之外分九服，夷服去王國七千里，藩服去王國九千里，是藩遠而夷近也。又許氏《說文》謂：羌狄蠻貊，字皆從物旁，惟夷從大從弓者，東方大人之國夷俗仁，仁者壽，有東方不死之國，故孔子欲居之。且乾隆間奉上諭，申飭四庫館不得改書籍中夷字，伯翳裔字舜，東夷之人，文王西夷之人，我朝六合一家，盡去漢、唐以來拘忌嫌疑之陋」，使者無得以此爲疑。遂無辭而退。其據經決事，有先漢董相風，類此至多。惜平日無記載，苫塊餘生，又無從訪質，掛一漏百，哀曷可言！……

大抵府君于《詩》、《書》大義及六書、小學，多出于外家莊

氏，《易》、《禮》多出于皋文張氏，至《春秋》則獨扼遺經，自發神悟。主山東講舍時，爲《釋例》三十篇，又析其凝滯，強其守衛，爲箋一卷、《答難》二卷。又推原左氏、穀梁氏之得失，爲《申何難鄭》四卷。又斷諸史刑禮之不中者爲《禮議決獄》四卷。又推其意爲《論語述何》、《中庸崇禮論》、《夏時經傳箋》、《漢紀述例》各一卷。其雜涉蔓衍者，尚有《緯略》一卷、《春秋賞罰格》二卷，凡爲《春秋》之書十有一種。宮保阮公、申耆李公各爲梓行於廣東、揚州，咸謂《春秋》自唐、宋以來，郢書燕說，國朝經學大昌，如嘉定錢氏、河間紀氏、棲霞郝氏，皆號通儒，而其說《春秋》，皆襲宋、元，直錄其事，不煩褒貶之說，其弊不至于等經朝報束付高閣不止。近日曲阜檢討孔先生潛心大業，紹明絕學，著爲《公羊通義》，而尚不能信三科九旨大義微言，千鈞一髮，至若鉤幽起墜，干城禦侮，張筆削之權，于三統之內，續董、胡之薪，于二傳之外，擇精語詳醇乎其醇，則自漢以後，府君一人而已。

　　府君以東漢經師，有家法可尋者，今惟何、虞、許、鄭四君子。虞氏之《易》，雖惠、張創通大義，學者尚罕得其門而入，因別爲《易虞氏變動表》一卷、《六爻發揮旁通表》一卷、《卦象陰陽大義》一卷、《易言補》一卷、《易象賦、卦象頌》一卷，撮其旨要，約其義例，以便綴學之士。鄭氏于三《禮》而外，于《易》、《詩》非專門，其《尚書註》已亡，或掇拾殘闕，欲申墨守或旁蒐眾說，支離雜博，皆淺涉藩離，未足窺先生之淵奧，乃別爲《尚書今古文集解》三十卷，別黑白而定一尊，由訓故以推大義，冀他日與各經傳注竝立學官焉。

　　許君《說文》爲形書而古韻未有專籍。近世顧、江、段，孔推衍遞密，而收字未有全數，入聲未審分配，乃研極精微，分爲二十有六部，每部先收《毛詩》字，次收《說文》字，次收《廣韻》字，每字復爲推其本音，詳其訓故，又爲《條例》一卷，共名《詩聲衍》二十有七卷，集古韻之大成。此四端，皆府君所學之大者。又嘗欲爲《五經考異》，仿陸德明《經典釋文》之例，以存異文古訓，先成《易》一卷、《春秋》一卷。又取《史記·天官書》及甘石星經爲之疏證二卷。又有少時所著《毛詩譜》三卷、《詩說》二卷。其未成者，尚有《九章舉隅》及《小學啓蒙》二書，無卷數。此皆府君手著之書，其裒輯者，則有《石渠禮議》一卷、《庚辰大禮記註長編》十二卷、《春闈雜錄》一卷、《東陵勘地圖說》一卷，又手摹《兩京十六省輿地圖》一冊。

　　大抵府君之學，其異于世儒者有二：一曰通大義而不專章句。嘗謂《毛詩》詳詁訓而略微言，虞翻精象變而罕大義，求其知類通達、微顯闡幽者，則《公羊傳》，在先漢則有董仲舒氏，後漢則有何劭公氏，子夏《喪服傳》有鄭康成氏而已。先漢之學務乎大體，故董生所傳非章句訓詁之學，後漢條例精密，要以何劭公、鄭康成氏爲宗。然二傳雖皆可以條例求，而《喪服》于五禮特一端。《春秋》則文成數萬，其旨數千，天道浹，人事備，以之貫群經，無往不得其原，以之斷史，可以決天下之事，以之持身治世，則先王之道可復也。二曰求公是而祛門戶。說者謂府君墨守何學，然箋中規何五十餘事，至於母以子貴及夫人子氏惠公仲子之屬，則并舍《公羊》而從《穀梁》，甚至宋災故一條，則竝舍三傳而從宋儒劉原父、胡安國之說，于其不苟爲異，益知其同者之非苟同也。其說

《詩》、《書》與鄭異義十之四五，一洗近世專己守殘之陋。又嘗
謂《漢志》有《公羊外傳》五十餘篇，全佚不存，左氏正可補其
闕。惟當復其舊名曰《左氏春秋》，而盡刊去劉歆所私改之經文，
與所增竄之書法凡例，庶幾以《春秋》還之《春秋》，以《左氏》
還之《左氏》，離之兩美，俾攻《左》者不得摘爲口實。人知府君
爲《公羊》之功臣，不知其尤爲《左氏》之忠臣也。至于近世小
學，但知溯源小篆，而古籀幾爲絕學。嘗病《說文》多有所從得聲
之字，反不見于本書，而一字重文別體，或公收各部。又部首過
繁，稽攷不易，嘗欲仿《爾雅》體并其重俗，補其古訓，增其闕
文，以省初學之心力，俾得專心于大業，手書創稿而未能就也。痛
哉痛哉！

府君于詞章由六朝以躋兩漢，洞悉其源流，正變故。所著述隨
物賦形，無體不備。在他人稱絕業，而在府君自視爲緒餘有自，著
詩文集八卷，又選定八代文苑四十卷、《絕妙好詞》二十卷、《唐
詩選》四十卷、《詞雅》四卷，藏于家。

平日師友淵源，于先正則及見大興朱文正公、陽湖孫淵如、金
壇段若膺、高郵王懷祖諸先生。同志中與共習莊氏學者，則有若莊
君綏甲兄弟、宋君翔鳳、丁君履恒。其共習張氏學者，則有若張君
琦，其姪成孫，其甥董君士錫；其束髮以學行相砥礪者，則有李君
兆洛、惲君敬、陸君繼輅、周君儀暐、李君復來。又嘗與劉公鳳誥
商五代史于浙江，與胡君培翬講《儀禮》、王君萱齡、汪君喜孫講
《尚書》、徐君松論地理，徐君有壬論九數，陳君奐論小學于都
門，爲後學接引尤至一技若己有之弟子。潘準、莊繢澍從受《公
羊》《禮》，而潘早夭，府君痛之，于是有〈反招魂〉之作。同里

董君祐誠高才早歿，于是有〈夢董方正〉之詩。

丙戌，分校禮闈，鄰房有浙江、湖南二卷，經策奧博，曰：「此必仁和龔君自珍、邵陽魏君源也。亟勸力薦，不售，于是有〈傷湖南浙江二遺卷〉之詩。

于諸甥中，喜趙振祚；于年家子，喜道州何紹基。凡所著述，有能獻一字之益者，應時改定。聞人一善，則入內時不及解冠，先呼不孝等而諄語之，喜動顏色。故平生交游落落，聞府君逝而哭失聲音，皆道誼中人。先後長禮部者，若高郵王公、蕭山湯公、樂平汪公，皆重其學行，府君未嘗有所干謁，有侮其迂、欺其樸者，府君皆歡然與之即。或代致不平，而府君反爲申釋焉。蓋其肫篤龐厚，城府洞然，實不知人世之有險巇、物情之有機械，非矯揉以然也。嘗爲阮宮保言重雕宋本《十三經註疏》，又彙刊本朝說經之書爲《皇清經解》，以幸士林。阮公從之，遂衣被海內。又嘗慕唐柳氏家範、宋范氏義田，他日欲仿而行之。……

府君生于乾隆四十一年六月十二日戌時，卒于道光九年八月十六日未時，享年五十有四。配潘恭人，先府君兩月卒。詳府君所爲行述。子八人，存者長承寬，嘉慶丙子舉人，候補咸安宮教習；三子承向、六子承宴，俱監生；七子承安。其歿者，次子承寵，嘉慶己卯舉人，著有《麟石詩文鈔》二卷；四子承宴、五子承宣，均早歿，詳府君所爲壙記三篇，季承宇，年十歲殤。女二，俱先殤。……

——《劉禮部集》卷十一附第一～十一葉。

宋翔鳳傳

《清史列傳》

　　宋翔鳳，字于庭，江蘇長洲人。嘉慶五年舉人，湖南新寧縣知縣，亦莊述祖之甥。述祖有「劉甥可師、宋甥可友」之語，劉謂逢祿、宋謂翔鳳也。翔鳳通訓詁名物，志在西漢家法、微言大義，得莊氏之眞傳，著《論語說義》十卷。序曰：「《論語說》曰：子夏六十四人，共撰仲尼微言，以當素王。微言者，性與天道之言也。此二十篇，尋其條理，求其恉趣，而太平之治、素王之業備焉。自漢以來，諸家之說，時合時離，不能畫一，常綜覈古今有纂言之作，其文繁多，因別錄私說，題爲《說義》。」又有《論語鄭注》十卷、《大學古義說》二卷、《孟子趙註補正》六卷、《孟子劉熙註》一卷、《四書釋地辨證》二卷、《卦氣解》一卷、《尚書說》一卷、《尚書譜》一卷、《爾雅釋服》一卷、《小爾雅訓纂》六卷、《五經要義》一卷、《五經通義》一卷、《過庭錄》十六卷、《論語發微經問》、《樸學齋札記》。咸豐九年，重賦鹿鳴。次年卒，年八十二。

——《清史列傳》卷六十九第三十五葉，中華書局排印本。

邵陽魏府君事略

魏　耆

　　府君諱源，字默深，先世江西太和縣人，於明初遷湖南邵陽之金潭。曾祖諱大公，字席儒。祖諱志順，字孝立，隱居不仕，篤行著邑乘。父邦魯，字春煦，有四子，府君其仲也。生於乾隆五十九年甲寅三月二十四日辰時。先一夕，母陳太恭人夢有古衣冠者，持巨筆及金色花授之曰：「以是爲汝子。」夢覺而誕。幼寡嬉笑，常獨坐。祖孝立公愛異之，常撫謂家人曰：「此子性貌並不恆，勿以常兒育之也。」

　　七八歲，入家塾。就局一室，偶出，犬群嘷。夜手一編。咿唔達旦。母憫其過勤，每夜定，滅燈令臥。乃伺二老熟寐，潛籌燈被底翻閱。久爲所覺，諭以長夜攻苦，非童稚所宜，繼至涕泣，始少弛。九歲，應童子試。縣令某公，於唱名時指茶甌中畫太極圖曰：「杯中含太極。」時懷二麥餅，即應聲曰：「腹內孕乾坤。」令大驚異。

　　家素封，累世好施予，敬斯文，至席儒公尤篤。雖傭佃有子弟就傅者，亦捐其租入之半給膏火；有全不納者，亦聽之。值大饑，有司責賦急，合縣驚騷，幾致變。孝立公慨然赴縣，毀產代輸，邑眾以安，家亦中落。春煦公因筮仕江蘇，道遠不能顧，益窘。祖母匡太恭人，年衰病瘓，動須人，母陳太恭人隻身扶掖，哺甘滌穢，數年如一日。夜則燃豆秸，母續子讀，欣欣忘貧。鄉人謂先世尚義博施，而母孝子賢，天必有以昌其後。

　　十五歲，補縣學弟子員。始究心陽明之學，好讀史，貧無書，假之族塾。伯父坦齋公以幼學，禁雜泛，乃伺便寫讀。十七歲食餼，名聞益廣，學徒接踵。嘉慶癸酉二十歲，舉明經。明年侍春煦公起復入都，遂留從胡墨莊先生問漢儒家法。周石芳侍郎系英，偶見府君詩篇敦雅，四出揄揚，數日名滿京師，中朝公卿爭納交焉。是時，問宋儒之學於姚敬塘先生學㙓，學《公羊》於劉申受先生逢祿，古文辭則與董小槎太史桂敷、龔定菴禮部自珍諸公切磋焉。湯敦甫相國金釗，爲府君拔貢座主，因飾《大學》古本，五十餘日不過候，相國疑其疾，問之。府君垢面出迎，鬢髮如蓬，相國愕眙。及出所業，瞿然歎曰：「吾子勤學罕覯，乃深造至此，然而何不自珍愛乃爾也！」李春湖侍郎宗瀚，提學湖南時，府君受知最深，至是延館京邸，待之甚厚。

　　己卯中順天鄉試副貢生。道光元年辛巳，又中順天鄉試副貢生。壬午中式順天鄉試舉人第二名。善化賀耦庚制軍長齡，爲江蘇布政使，延輯皇朝經世文編，遂留意經濟之學。時巡撫爲陶文毅公澍，亦以文章經濟相莫逆，凡海運水利諸大政，咸與籌議。

　　戊子遊浙江杭州，晤錢伊菴居士東甫，從聞釋典，求出世之要，潛心禪理，博覽經藏。延曦潤、慈峰兩法師，講楞嚴、法華諸大乘。畢，回蘇州，聞舟鉦，有省。

　　己丑應禮部試不第，遵酌增例，以內閣中書舍人候補。內閣爲典籍之藏，國朝掌故之海，乃留意一代典故之學。

　　庚寅，回酋張格爾擾西陲，果勇侯楊公芳參贊軍務。府君以與有文章之好，遂請從自效。至嘉峪關，聞罪人斯得而返。

　　辛卯春，以春煦公病亟，乞假定省。七月，春煦公棄養，哀毀

骨立，幾弗勝喪，茹素三年，笑不見齒。乃究心堪輿之術，窮探極覽，不遠千里；以牛眠難驟遘，於壬辰冬暫厝於蘇州城外之金姬墩。

陶文毅督兩江，以兩淮鹽法凋弊，思更張。府君謂救弊先其急，議改淮北試行票鹽，裁浮費，減鹽價，以輕商本。於是官鹽價減於私販，梟化爲良，引銷課裕，每年溢額數十萬，藉補南課之不足。至今論鹽法者，咸宗之。後兩江制府，如江夏陳公鑾、侯官林公則徐、長白璧公昌、長沙李公星沅、沔陽陸公建瀛，凡有漕河鹽兵等政更張，皆延與議定而後行。

十五年，以陳太恭人春秋高，思所以盡其歡，買園於揚州新城，甃石栽花，養魚飼鶴，名曰絜園。

二十二年，英夷犯海疆，江、浙震動。欽差大臣長白裕公謙，督浙江防勦，延致幕府。數月辭歸。裕公陣歿後，撫議遂成，有感而著《聖武記》。其序曰：

> 荊楚以南，有積感之民焉，生於乾隆征苗之前一歲，中更嘉慶征教匪、征海寇之歲，迄十八載畿輔靖賊之歲始貢京師，又迄道光征回疆之歲，始筮仕京師。京師，掌故海也，得借觀史館秘閣官書及士大夫私家著述、故老傳聞，於是我生以後數大事及我生以前記國初數十大事，磊落乎耳目，磅礴乎胸臆。因以溯洄於民力物力之盛衰，人才風俗進退消息之本末。晚僑江、淮，海警沓至，愾然觸其中之所積，乃盡發其櫝藏，排比經緯，馳騁往復，先出其涉兵事及嘗所論議若干篇，爲十有四卷，統四十餘萬言，告成於海夷就款江寧之

月。

乃敬敘其端曰：天地以五行戰陰陽，聖人飭五官則戰勝于廟堂。戰勝於廟堂者若之何？曰聖清尚矣。請言聖清以前之事；今夫財用不足，國非貧，人才不競之謂貧；令不行於海外，國非羸，令不行於境內之謂羸。故先王不患財用而惟亟人材，不憂不逞志於四夷，而憂不逞志於四境。國無不材，則國楨富；境無廢令，則國柄強。楨富柄強，則以之詰奸，奸不處；以之治財，財不蠹；以之蒐器，器不窳；以之練士，士無虛伍。如是，何患乎四夷，何憂乎禦侮！斯之謂折衝於尊俎。

嘗觀周、漢、唐、宋、元、明之中葉矣，瞻其闕，夫豈無懸令？詢其廷，夫豈無充位？人見其令雷行於九服，而不知其令未出於階闥也；人見其材雲布於九列十二牧，而不知其櫺伏於灌莽也。無一政能申軍法，則佚民玩；無一材堪充軍吏，則教民狂；無一事非耗軍實，則四民皆荒。佚民玩則畫筴不能令一羊，教民狂則蟄雷不能破一牆，四民皆荒。然且今日揖於堂，明日觴於隍，後日胈於藏，以節制輕桓、文，以富強歸管、商，以火烈金肅議成湯，奚必問其勝負於疆場矣。

記曰：「物恥足以振之，國恥足以興之。」故帝王處豢業久安之世，當渙汗大號之日，必虩然以軍令飭天下之人心，皇然以軍事軍食延天下之人材。人材進則軍政修，人心肅則國威道，一喜四海春，一怒四海秋。五官強，五兵昌，禁止令行，四夷來王，是之謂戰勝於廟堂。故後聖師前聖，後王師

前王，莫近于我烈祖神宗矣。《書》曰：「其克詰爾戎兵以
陟禹之迹，方行天下，至于海表，罔有不服，以覲文王之耿
光，以揚武王之大烈。」用敢拜手稽首作《聖武記》。

甲辰中式禮部會試第十九名。乙巳補行殿試，第三甲，奉旨賜
同進士出身，以知州用，分發江蘇。是秋奉檄權揚州府東臺縣事，
禮耆德，懲奸猾，士民悅服。先是前令葛公起元，將收漕，奸民聚
譁，挾長短，幾成大獄，故大府以府君代之。開倉之次日，金聲四
起，吏卒無措。府君曰：「此奸民欲踵前智也，少緩黨固矣，宜急
捕。」遂率吏卒開門，尋金聲掩之，須臾，擒二十餘人，置諸獄，
眾竄散。父老諭之曰：「魏公勤惠，是愛我者也，何自取夷滅
耶？」多自縛輸誠，悉遣之，民益感勸，數日畢事。

丙午夏，以母憂去官，毀瘠如前，欲茹素亦三年。至冬仲，飲
食日損。家人咸以素務銳進，不事珍衛，且年逾五十，精氣非昔，
不可過淡薄，固請食肉，始允。

以前年英夷撫議，當事者為其寫遠，不諳底蘊所致。遂於讀禮
之暇，搜攬東西南北四洋海國諸紀述，輯《海國圖志》，及輪船機
器各圖說，成六十卷，以資控制。其序曰：

《海國圖志》六十卷，何所據？一據前兩廣總督林尚書所譯
西夷之《四洲志》，再據歷代史志及明以來島志並近日夷
圖、夷語。鉤稽貫串，創榛闢莽，前驅先路。大都東南洋、
西南洋增於原書者十之八，大、小西洋、北洋、外大西洋增
於原書者十之六。又圖以經之，表以緯之，博參眾議以發揮

之。何以異於昔人海圖之書?曰:彼以中土人談西洋,此則以西洋人談西洋也。是書何以作?曰,爲以夷攻夷而作,爲以夷款夷而作,爲師夷長技以制夷而作。

《易》曰:「愛惡相攻而吉凶生,遠近相取而悔吝生,情僞相感而利害生。」故同一禦敵,而知其形與不知其形,利害相百焉;同一款敵,而知其情與不知其情,利害相百焉。古之馭外夷者,諏以敵形,形同几席;諏以敵情,情同寢饋。然則執此書可以馭外夷乎?曰:唯唯,否否。此兵機也,非兵本也;有形之兵也,非無形之兵也。明臣有言:「欲平海上之倭患,先平人心之積患。」人心之積患如之何?非水,非火,非革,非金,非沿海之奸民,非吸煙販煙之莠民。故君子讀〈雲漢〉、〈車攻〉,先於〈常武〉、〈江漢〉,而知二雅詩人之所發憤;玩卦爻內外消息,而知大《易》作者之所憂患。憤與憂,天道所以傾否而之泰也,人心所以違寐而之覺也,人才所以革虛而之實也。

昔準噶爾跳踉於康熙、雍正兩朝,而電掃於乾隆之中葉。夷煙流毒,罪萬準夷,吾皇上仁勤,上符列祖,天時人事,倚伏相乘,何患攘剔之無期?何患奮武之無會?此凡有血氣者所宜憤悱,凡有耳目心知者所宜講畫也。去僞,去飾,去畏難,去養癰,去營窟,則人心之寐患祛,其一。以實事程實功,以實功程實事,艾三年而蓄之,網臨淵而結之,毋馮河,毋畫餅,則人才之虛患祛,其二。寐患祛而天日昌,虛患祛而風雷行。《傳》曰:「孰荒於門,孰治於田?四海既均,越裳是臣。」敘《海國圖志》。

以守爲攻，以守爲款，用夷制夷，疇司厥權。述〈籌海篇〉第一。

縱三十年，圍九萬里，經之緯之，左圖右史。述〈各國沿革圖〉第二。

夷教夷煙，毋得入界，嗟我屬藩，尚堪敵愾。志〈東南洋海岸各國〉第三。

呂宋、爪哇、嶼埒日本，或噬或駮，前車不遠。志〈東南洋各島〉第四。

教閱三更，地割五竺，鵲巢鳩居，爲震旦毒。述〈西南洋五印度〉第五。

維晳與黔，地邊疆閬，役使前驅，疇咨海客。述〈小西洋利未亞〉第六。

大秦海西，諸戎所巢，維利維威，實懷泮鴞。述〈大西洋歐羅巴各國〉第七。

尾東首西，北盡冰溟，近交遠攻，陸戰之鄰。述〈北洋俄羅斯國〉第八。

勁捍英寇，恪拱中原，遠交近攻，水戰之援。述〈外大西洋彌利堅〉第九。

人各本天，教綱於聖，離合紛紜，有條不紊。述〈西洋教門表〉第十。

萬里一朝，莫如中華，不聯之聯，大食、歐巴。述〈中國西洋紀年表〉第十一。

中曆資西，西曆異中，民時所授，我握其宗。述〈中國西曆異同表〉第十二。

兵先地利，豈間遐荒？聚米畫沙，戰勝廟堂。述〈國地總論〉第十三。

雖有地利，不如人和，奇正正奇，力少謀多。述〈籌夷章條〉第十四。

知己知彼，可款可戰，匪證奚方，孰醫瞑眩，述〈夷情備採〉第十五。

水國恃舟，猶陸之堞，長技不師，風濤誰讋？述〈戰鑑條議〉第十六。

五行相剋，金火斯烈，雷奮地中，攻守一轍。述〈火器火攻條議〉第十七。

軌文匪同，貨幣斯同，神奇利用，盍殫明聰！述〈器藝貨幣〉第十八。

後因續得布路國人馬吉士與美里哥人高理文等所著書，又輯得四十卷，與前書合爲一百卷，尤爲該備。乃又敘之曰：

談西洋輿地者，始於明萬曆中泰西人利馬竇之《坤輿圖說》、艾儒略之《職方外紀》，初入中國，人多謂之鄒衍談天。及國朝而粵東互市大開，華、梵通譯，多以漢字刊成圖說。其在京師欽天監供職者，則有南懷仁、蔣友仁之《地球全圖》；在粵東譯出者，則有鈔本之《四洲志》、《外國史略》，刊本之《萬國圖書集》、《平安通書》、《每月統紀傳》，燦若星羅，瞭如指掌，始知不披海圖海志，不知宇宙之大，南北極上下之渾圓也。

惟是諸志多出洋商，或詳於島岸土產之繁，埠市貨船之數，
天時寒暑之節；而各國沿革之始末，建置之永促，能以各國
史書誌富媼山川，縱橫九萬里，上下數千年者，惜乎未之聞
焉。近惟得布路國人馬吉士之《地理備考》，與美里哥國人
高理文之《合省國志》，皆以彼國文人，留心丘、索，綱舉
目張，而《地理備考》之《歐羅巴洲總記》上下篇，尤爲雄
偉，直可擴萬古之心胸。至墨利加北洲之以部落代君長，其
章程可垂奕世而無弊，以及南洲孛露國之金銀，富甲田海，
皆曠代所未聞。既彙成百卷，故提其總要於前，俾觀者得其
綱而後詳其目，庶不致以卷帙之繁，望洋生歎焉。

又舊書止有正面背面二總圖，而未能各國皆有，無以愜左圖
右史之願。今則用廣東香港冊頁之圖，每圖一國，山水城
邑，勾勒位置，開方里差，距極度數，不爽毫髮。於是從古
不通中國之地，披其山川，如閱《一統志》之圖；覽其風
土，如讀中國十七省之志。豈天地氣運，自西北而東南，將
中外一家耶！

夫悉其形勢，則知其控馭，必有於籌海之篇小用小效，大用
大效，以震疊中國之聲靈者焉。斯則夙夜所厚幸也矣！

至馬吉士之《天文地球合論》，與夫近日水戰火攻船械之
圖，均附於後，以資博識，備利用。

戊申，葬春煦公於江蘇上元縣之蛾眉嶺，葬陳太恭人於句容縣
之龍潭蓮山。又於其旁得吉壤，以祖母匡太恭人自邵陽遷葬焉。是
秋服闋。

明年己酉，奉檄權知揚州府興化縣事。興化爲裏河之極窪，地勢如釜底，近高（寶）〔郵〕、洪澤二湖，秋必漲。故設南關、中新等五壩，資宣洩。民種早禾，秋初漲甚，而新穀已登，壩啓水注，無關歲事。近因堤防不堅實，慮橫決致罪，甫漲即啓壩，雖黃穧連雲弗顧也。建瓴百里，瞬息襄陵，是以裏河七州縣，農歲苦饑，而興化尤劇。去年湖漲，壩啓早，淮、揚大饑，賴川、廣商米，不致困。是時復以漲甚，欲啓壩。節甫大暑，垂秀將實，民情洶懼。府君乍蒞任，聞風馳赴，督民卒晝夜築護，與河員相持。恐不勝，請於制府陸公建瀛，亦駐節壩次，督防塞，河員乃不敢執前議。

會西風大發，澍雨翻盆兩晝夜，湖浪挾威益屬，蓄場防如沃雪。高郵將決，府君冒風雨，伏堤上哀號，願以身貸民命，自辰至未，屢爲巨濤所漂，士民從者十餘萬。請少却，不爲詘。薄暮風浪息，始休。暑雨所激，目赤腫如桃，見者感泣。陸公歎曰：「精誠所至，金石爲開，豈不信然！」立秋後穫畢，壩啓，歲竟大豐。故民謂其稻曰魏公稻也。

運河舊於東堤之外，築重防，曰西堤，以捍秋汛，歲久不修，並失其址。於是府君躬歷訪得舊基，請制府復之。嗣後堅堤重立，足資保障，湖漲，但事築防，不得輒議宣洩，必節逾處暑，秋稼登場，始啓壩，請奏著爲令，並勒石壩首。裏河士庶撰聯額詩詞頌功德，且集資建生祠，嚴檄止之。其祝釐於家者，至今不替。府君卒後，始於同治五年，士民公請附祀於興化之范文正公祠堂。不別祠者，承其志也。

庚戌，陸公念淮北改票，已著成效，而淮南釐政敝極，欲仿法

更張。府君以淮南課額重，引地遼闊，驟改之恐有鞭長莫及之虞，議改上江食岸爲始，以漸推廣，則舉重若輕，弛張在握。公求急效，竟奏全改。值南鹽缺產，課不足，檄府君權淮北海州分司運判，相機調濟。乃督各場官嚴稽掃曬，杜偷漏，訪獲巨梟塘私三十餘萬，北產大盛，收逾額，以二十餘萬大引濟淮南。南課賴充，而北課又倍，因籌銀二十餘萬生息，爲高、寶西堤歲修之用。議敘，得旨補缺，後以同知直隸州即用。咸豐元年，辛亥，特授高郵州知州。因前年防堤積勞，致痁疾，目黃體脈，痰壅氣短，飲食艱，幾殆。裏河耆舊婦孺，齋戒祈禳，香火千里，吁嗟萬家。至秋雖瘳，而神明非昔矣。

癸丑二月，粵逆擾江南，陷省城，揚州繼失守。賊踪至召伯埭，去州城四十餘里。承平日久，人不知兵，合境洶沸。府君首倡團練，親督巡防，設卡以稽來往，守隘以遏竄突，添驛以通聲氣，偵探以窺賊情，重賞以作士氣，峻刑以靖內奸。旬日之間，諸務畢舉。

先是逆舟順江而下，旌旗蔽空，莫之敢攖。自湖南永州至江蘇揚州，所當輒破，不折一矢，十餘日流毒三千餘里。以致潰逃官軍沿途焚掠，州郡不知所爲。高郵南北之衝，去賊近，城中一日十數驚。府君於城外沿河，率吏卒擒斬百餘人，逃兵不敢入境，民心少安。嗣後官軍挫衄，潰兵入境，屏息潛踪，郵民無尺寸失者，實此次懲創之力也。湖西之太平莊，民居近藪澤，匿逋逃，素不法，粵警方急，建旗羣鼓謀響應。府君率吏兵夜往，擒其魁二十餘人，黎明斬示，皆儡爲神，伏莽遂靖。又慮丁卒皆烏合，非戰兵之比，恐賊眾掩至瓦解，不足當。賊近必多偵者，乃徧檄州郡，張明示，稱

朝廷派大員統重兵南下，已駐某地，刻日必至。間日一發，羽書絡繹。賊故徘徊瞻顧，不敢過揚州一步。三月，欽差大臣琦公善，統兵至揚，人心乃定。

道光二十九年之啓釁也，廉訪某公爲淮揚兵備道，實主其議。府君尼之，大相忤。時奉命督江北防勦，遂以遲悞驛報，劾罷職。甲寅，周文忠公天爵以欽差大臣督皖軍，奏府君咨軍務。奉檄擊宿州匪，斬馘六百餘人，降衆伍仟，散其黨，平其壘而還。奉旨復官。府君以年逾六十，遭遇坎坷，世亂多故，無心仕宦，蒙文忠國士之遇，欲立微効報之，至是辭歸，而文忠亦卒。

全家時避兵僑興化，自歸不與人事，惟手訂生平著述，終日靜坐，戶不聞聲。丙辰秋初，遊杭州，寄僧舍，閉目澄心，危坐如山，客至亦不納。即門生至戚，接二三語，便寂對若忘。丁巳二月，偶感微疾。謂從子彥曰：「昨有所徵，吾殆不久，至時，毋號哭相擾，惟靜俟氣盡，乃含殮耳。」旬日疾止，神志如常。至晦日，索湯洗濯，易襦袴。明日三月朔，金廉訪安清過候，劇談逾晷，徐謂曰：「君且休，吾將逝矣，幸致何子敬，勉進德，不及決矣！」入室凝坐，至酉刻，嗒然而逝，時年六十有四。何君紹祺，尚書文安公凌漢之子，官浙江觀察，於府君少年交，在杭常相過從者也。

嗚呼！府君生平寡言笑，鮮嗜欲。雖嚴寒酷暑，手不釋卷，至友晤談，不過數刻，即伏案吟哦。舟中鉛黃不去手。好遊覽，遇勝輒題詠，輪蹄幾徧域中。有小印曰：「州有九，涉其八；嶽有五，登其四。」紀實也。爲政尚簡恕，謂子姓曰：「守土牧令，以一人耳目之所及，防數百胥卒之欺蔽，胡可得哉？惟以誠感之，使不忍

欺耳。」故聽政之暇，以典籍自娛，不事苛察。與客接，無多言；有問答者，則反覆譬導，娓娓不倦。如大政有更張，與論難，則辭辯風起，循環無端，而要歸一是。求伙助者，稱有無，無所吝，雖奴隸如其欲。受人託，必竭力踐言。族之貧乏者，依時周卹，未嘗以在遠見遺。故解組後，書籍外，無餘財。

權東臺時，泮宮前有瓦窰數十座，歷百餘年已，府君愀然曰：「國家求人材於士林，而黌序實士之根本，烈焰衝霄，終年燔炙，復何望耶？」銳意遷之，會以母憂去官，常以為憾。知高郵時，奎星閣前有大槐，穠蔽數畝，陰翳絕景，驟命伐之，士聚譁，已無及。府君曰：「作養人材，守土者之責也，高郵近年科第斷絕，皆此故耳。今諸士不能毋怨，狃於習耳。雖然，後必有易怨而為德者。」果是秋鄉試榜出，文武諸生中式者八人，高郵至今甲科不絕。因曰：「為官苟存心利物，隨時皆可施惠，何論大小。此不過一舉手之勞，而高郵多士，受福無窮。『民可使由之，不可使知之。』若必議定而後伐，則無伐期矣，故甘一時之聒耳。」又曰：「聽訟欲不屈人，非聖賢弗能。一人涉訟，合室倒懸，日羈月縶，即屈申枉直，家業已蕩盡矣。故結訟宜速，但不皂白倒置，縱小不盡意，民得早歸各治生業，全者眾矣。至於繫囚，一入犴狴，即無告之窮民，尤宜顧卹，刑之以其罪，無所怨，虐之，則咎在官，於心安乎？況恩澤之流，自近及遠，圄圈隔一垣，惠尚不及，矧僻遠哉！」故其所歷各州縣，牢獄皆深簷敞牖，煖室涼棚，給衣施藥，囚逸且安，無殀折者。

至於改建書院、儲卷籍、置義塚、設義學，整飾育嬰堂、卹嫠會、傳種牛痘、興水利，培地脈，一切善政，不可枚舉，亦詳志

乘，茲不殫述。

　　既卒，以生平愛杭州西湖，遂葬於南屛之方家峪。配同邑嚴氏，原任揚州府通判諱安儒公孫，候選布政司經歷諱翊羲公女也。子耆。孫男三：桂、恆、絲。所著書有《詩文集》、《聖武記》、《海國圖志》、《書古微》、《詩古微》、《公羊古微》、《曾子發微》、《高子學譜》、《孝經集傳》、《孔子年表》、《孟子年表》、《小學古經》、《大學發微》、《兩漢今古文家法考》，並所輯《皇朝經世文編》、《論學文選》、《明代兵食二政錄》，及《春秋繁露》、《老子》、《墨子》、《說苑》、《六韜》、《孫子》、《吳子》注，各如干卷。

戴君墓表

施補華

同治十二年二月，亡友戴君卒于江寧。其年七月，海寧唐仁壽攜君柩還湖州。十月，歸安丁寶書、烏程施補華葬君仁王山之東麓，去其先塋一里而近，補華爲表其墓曰：

君諱望，字子高。先世德清名族，自曾祖某始遷居郡城。祖銘金，以詩名嘉、道間，有三子，皆俊才。伯叔早殤；仲氏福謙，道光丁酉舉人，君之父也。君生四歲，父歿于京師。君曾祖年逾八十，祖五十餘，皆存。母及諸母皆寡，三世焭焭，抱一孺子而泣。而君生有奇慧，六、七歲時，讀書日數十行，人謂戴氏垂絕而續矣。夫何曾祖與祖相繼奄匆，家貧歲饑，無所依賴，于是君挾冊悲誦，寡母節衣縮食，資君以學，時時空無，相向啜泣。然君雖孤貧荏弱，端緒則見。烏程程君可大，樸學至行，君以爲師，而友丁君及予，晨夕淬厲，十數年不懈。

君學凡三變，始好爲辭章；繼讀博野顏氏元之書，則求顏氏學；最後至蘇州，謁陳先生奐而請業焉。通知聲音訓詁、經師家法。復從宋先生翔鳳授《公羊春秋》，遂挈精覃思，嫥志治經。君之學幾有成矣，而庚申之亂作，君乃奉母避城南東林山。久之，大困，無所得食。有至戚官閩中，母數命君往，不獲已，以辛酉入閩。今上初元，君復自閩中歸，將迎其母。聞湖州已陷，則仰天長號，僵仆絕氣，復忍死出入豺虎之叢，徧求母之所在，莫行晝伏，神咨鬼諏，淹旬帶月，迄無所遇。嘗遇予山中，執手慟哭而去。三

年，官軍復湖州，君來省其祖、父之墓，復與相見。已而旅食蘇州，旋至江寧，寓屋火猝發，牆圮，幸不死。曾文正公聞其名，憫之，始延之校所刻書。君至痛在心，未壯而艾，每寄書來，述所患苦，然處顛頓狼狽呻吟哭泣之中，終不廢學，學日益進。大江南北，耆儒魁碩，交相稱許。

時兵事大定，文治聿修，自公卿以至將帥，咸慕儒術，皆將稱道程、朱，比蹤孔、孟，而君所講習，又與世違異，伏處鬱鬱，冀有能纂述，成戴氏《論語註》二十卷、證文四卷。輯《顏氏學記》十卷、《管子校正》二十四卷。又爲《古文尚書述》，屬稿未半，而病以亟矣。蓋君自至江寧，數病，病稍閒，即改所著書，復作乃止，如是六、七年，至于不可爲以卒。無子，以族子後之。

嗚呼！君自始生以至既卒，三十七年之中，無一日不可哀傷惻怛者，造物者之于君，可謂酷矣，豈所謂命也耶？而學術成就又有是，豈于此有所予，必于彼有所奪耶？在昔學人困厄僨沛，亦未有得之至此極者，何獨於君適際是艱耶。三世梵梵，望于君者何如，而君則既歿矣。君學術及他行事，不備書，書其苦心憂志致窮于天如此，與天下學人共惜之。

——《謫麐堂遺集》卷首，宣統三年，歸安陸氏依會
稽趙氏本刻。

邵懿辰傳

《清史列傳》

邵懿辰，浙江仁和人，由舉人於道光二十一年考取內閣中書，尋補官。二十五年，充軍機章京。二十六年，陞起居注主事。二十八年，由軍機處奏保，以員外部陞用，分刑部，尋補官。二十九年，捐備本籍賑需，下部議敘。咸豐三年二月，命發往東河，交河道總督福濟差委，並諭以到工後隨同福濟巡查黃河口岸。

時粵匪由江蘇分竄河南。三月，懿辰偕詹事府少詹事王履謙分駐河干辦理防務。六月，歸德府失守，諭曰：「邵懿辰係朕特派之員，並傳諭實力嚴防。該員於歸德失陷時，將劉家口船隻收歸北岸，尚未疏防。惟於燒燬船隻後，輒難防守，咎實難解。著交部議處」。尋降二級調用。

九年，以在籍辦理團練，操防出力，經巡撫胡興仁保奏，開復原官。

十一年，粵匪再陷杭州省城，懿辰死之。

同治四年，浙江巡撫馬新貽奏言：「自粵逆再犯杭城，懿辰方丁憂家居，與前撫臣王有齡共籌守禦，會賊氛益熾，圍城數十重，糧盡援絕。懿辰方著《禮經通論》未成，日食半菽，猶重加編訂。城外砲聲如雷，火光徹夜，處之坦然。語其子順年曰：「曩有謂我無死事責者，不知死，分也，命也。讀聖賢書，所學何事？今日之事，潰敗如此，與其求免而辱，何如一死殉城，猶為心之所安乎？」其子知義不可奪，亦不敢言去。如是者經月，遂給其妻、子

乘間出走。曰：「無以細弱累我」。及城陷，懿辰被執，賊酋訪知其為杭州宿望，迫令從逆。懿辰仰天大笑曰：「我固早拚一死，速殺我，尚何言。」賊不忍加害，環守甚密。懿辰罵逾厲。賊怒甚，以巨杵擊碎頭顱，加刃於胸，遂遭慘害，時距城陷後三日耳。此上年杭州克服後，順年訪諸其舊鄰居梓人羅占魁自賊中逸出，備述當日目擊之情形也。

懿辰方年未冠時，即期以著述傳世，讀書目數行下，博覽群籍，研究義理。每謂漢、宋諸儒，學問不可偏廢，尤諳練國朝掌故，洞悉源流，前直軍機處，凡遇大典禮頒發詔諭，每屬稿上必稱旨。旋以防河，因公罣誤，杜門不出，著書自娛。咸豐十年，杭城初次被圍時，懿辰母猶在堂，乃於圍城中取間道奉母避居紹興。迨十一年母歿歸葬，即守制舊居，矢志不復出。每曰：「前此之避亂他徙，以有母在也，自此不求幸免矣」。孰意遭時多難，嬰城喋血，竟以身殉，良堪痛惜。臣下車之始，訪諸里人，均無異詞。旋據邵順年稟陳顛末，並准兩江督臣曾國藩咨請具奏。查懿辰學問淵深，志趣卓越，昔在京邸，與曾國藩為道義交。逮曾國藩駐師祁門，懿辰以故舊相訪，縱論兵事，有意見不合處，持論弗為苟同，故曾國藩屢稱之。而臣亦習聞之。茲復廉得其死事情狀，真有先儒之範，而兼烈士之風。惜手纂遺書多遭兵燹，而其慷慨就義，大節懍然，自足千古。應請照陣亡例，從優議卹。

疏上，諭曰：「前任刑部員外郎邵懿辰於杭州失陷時，罵賊被害，實屬慷慨就義，大節懍然。著照陣亡例，從優議卹。從祀杭州本籍昭忠祠。其生平事實，著宣付國史館立傳，以表宿學，而褒忠節。其子媳邵順年之妻伊氏投井殉難，孝節兼全，著交部照例旌

表。尋賜卹如例。贈道銜，賞雲騎尉世職，襲次完時以恩騎尉世襲
罔替。」

——《清史列傳》卷六十五〈宗義傳〉第四三～四四
葉，中華書局印行本。

莊有可傳

《武進縣志》

　　莊有可，名獻可，字大久。幼沈粹內朗，喜讀書，無歧好。迨長，取諸經傳，精研義理，句櫛字比，合諸儒之書，以正其是非，而自爲之說。兩遊京師不遇。子宦中州，迎養至署。晨夕一編不廢故業。年七十九卒。著書四百餘卷，自言諸經中，《春秋》功力最摯云。書目詳《藝文志》。中子詵男，嘉慶七年進士，改庶吉士，散館授河南南召知縣，擢懷慶通判，所至有政聲。

——《武進縣志·儒林傳》

引用、參考要目

《味經齋遺書》　莊存與撰　光緒八年重刊，陽湖莊氏藏板

《劉禮部集》　劉逢祿撰　光緒壬辰延暉承慶堂重印本

《虛一齋集》　莊培因撰　光緒九年季秋開雕本

《珍藝宧遺書》　莊述祖撰　道光間武進莊氏刊本

《夏小正考》　莊述祖撰　清刻本，《明堂陰陽夏小正經傳釋》之一

《養一齋文集》　李兆洛撰　光緒四年重刊本

《擘經室集》　阮元撰、鄧經元點校　中華書局一九九三年版

《慕良雜纂》　莊大久撰　民國十九年十一月商務印書館排印本

《慕良雜著》　莊大久撰　民國十九年十二月商務印書館排印本

《龔自珍全集》　龔自珍撰　中華書局一九六一年第二次印刷

《魏源集》　魏源撰　中華書局一九八三年第一版

《謫麐堂遺書》　戴望撰　宣統三年歸安陸氏印會稽趙氏本

《禮經通論》　邵懿辰撰　宣統辛亥上海國學扶輪社排印本

《康有爲自編年譜》　樓宇烈整理　中華書局一九九二年版

《康有爲政論集》　湯志鈞編　中華書局一九八一年版

《春秋左傳讀》　章太炎撰　潘景鄭覆印本

《駁膏肓評》　章太炎撰　稿本，上海圖書館藏

《訄書》重印本　章太炎撰　日本東京翔鸞社鉛字排印本，署「共
　　和一千七百四十五年夏四月出版」

《章太炎年譜長編》 湯志鈞編 中華書局一九七九年版

《復堂日記續錄》 譚獻撰 民國鉛字排印本

《飲冰室合集》 梁啓超撰、林志鈞編 中華書局一九四一年版

《翼教叢編》 蘇輿輯 光緒二十四年武昌重刊本

《覺迷要錄》 葉德輝輯 光緒三十一年刊本

《清實錄》 清代官修 僞滿影行本，本書參考《高宗純皇帝實
　　錄》

《清史列傳》 清史館編 中華書局民國十七年十二月版

《清朝續文獻通考》 劉錦藻編 商務印書館民國二十五年版

《清儒學案》 徐世昌纂 中國書店一九九〇年重印本

《清代室名別號索引》 楊廷福、楊同甫編 上海古籍出版社一九
　　八八年版

《碑傳集》 錢儀吉纂 《清代碑傳全集》本，上海古籍出版於一
　　九八七年影行

《續碑傳集》 繆荃孫纂 同上

《碑傳集補》 閔爾昌纂 同上

《皇清經解》（《學海堂經解》） 阮元主編 道光九年刻本

《續皇清經解》（《南菁書院經解》） 王先謙主編 光緒十四年
　　刻本

《經義考》 朱彝尊撰 中華書局排印本

《武進縣志》 王祖肅等修 乾隆三十年刊本

《陽湖縣志》 陳廷柱等修 同上

《武進陽湖合志》 黃冕修、李兆洛等纂 道光二十二年刊本

《武進陽湖縣志》 張球修、湯成烈纂 光緒五年刊本

《武進志餘》　莊毓鋐等纂　光緒十四年刊本

《毘陵莊氏族譜》　莊鳳威等增修　光緒二年刊本

《毘陵莊氏族譜》增訂本　民國間排印本

《武進西營劉氏宗譜》　劉翊辰等修　光緒二年刊本

國家圖書館出版品預行編目資料

莊存與年譜

湯志鈞著. – 初版. – 臺北市：臺灣學生，2000[民 89]
面；公分　　參考書目：面

ISBN 957-15-1011-4 (精裝)
ISBN 957-15-1012-2 (平裝)

1.(清)莊存與 – 年表

782.974　　　　　　　　　　　　　　　89002799

莊存與年譜（全一冊）

著　作　者：湯　　　　志　　　　鈞
出　版　者：臺　灣　學　生　書　局
發　行　人：孫　　　善　　　治
發　行　所：臺　灣　學　生　書　局
　　　　　　臺北市和平東路一段一九八號
　　　　　　郵政劃撥帳號00024668號
　　　　　　電話：(02)23634156
　　　　　　傳真：(02)23636334
本書局登
記證字號：行政院新聞局局版北市業字第玖捌壹號
印　刷　所：宏　輝　彩　色　印　刷　公　司
　　　　　　中和市永和路三六三巷四二號
　　　　　　電話：(02)22268853

定價：精裝新臺幣二五〇元
　　　平裝新臺幣一八〇元

西　元　二　〇　〇　〇　年　八　月　初　版